ANALECTA

65

STUDIUM BIBLICUM FRANCISCANUM

A Giuseppe Dorigo
In memoriam († 10.5.2003)

Alviero Niccacci ofm – Massimo Pazzini ofm
Roberto Tadiello ofm capp

Il libro di Giona

Analisi del testo ebraico e del racconto

edizioni terra santa

Per informazioni sulle opere pubblicate
e in programma rivolgersi a:

Edizioni Terra Santa
Via G. Gherardini 5 - 20145 Milano (Italy)
tel.: +39 02 34592679 fax: +39 02 31801980
http://www.edizioniterrasanta.it
e-mail: editrice@edizioniterrasanta.it

Finito di stampare nel novembre 2013
da Corpo 16 s.n.c. - Bari
per conto di Fondazione Terra Santa
ISBN 978-88-6240-199-9

PREFAZIONE

Incoraggiati dalla buona accoglienza riservata all'analisi del testo ebraico del Rotolo di Rut (Jerusalem 2001), affrontiamo la novella di Giona (48 versetti distribuiti in quattro capitoli) con lo stesso orientamento. Le tre parti che compongono il volume sono opera di Alviero Niccacci (analisi sintattica, §§ 1 e 3), Massimo Pazzini (analisi morfologica, § 2) e Roberto Tadiello (analisi narratologica, § 4). Roberto ha da poco difeso una tesi di laurea allo SBF dedicata all'analisi del "racconto di Giona" dal punto di vista narratologico. Questo tipo di approccio permette una lettura del testo di tipo "teatrale", con una trama che si snoda in diverse scene suddivise, a loro volta, in quadri narrativi.

Come il volumetto simile contenente l'analisi del testo ebraico di Rut, il presente sussidio è destinato non solo agli studenti di ebraico che abbiano una base elementare della lingua ma anche agli amanti della Scrittura nelle lingue originali.

I confratelli e colleghi Eugenio Alliata (SBF, Jerusalem) e Stefano De Luca (PAA, Roma) hanno curato l'impaginazione e la grafica del volume. Ad essi va la nostra riconoscenza.

Confidiamo che questo modesto lavoro possa stimolare lo studio della lingua santa, studio di certo non facile, ma pur sempre affascinante.

A. Niccacci - M. Pazzini - R. Tadiello
Gerusalemme, Gennaio 2004

ABBREVIAZIONI E SIGLE

accus.	accusativo	LXX	Versione greca dei
agg.	aggettivo		Settanta
ass.	assoluto	m.	maschile
AT	Antico Testamento	NT	Nuovo Testamento
att.	attivo	num.	numero / numerale
avv.	avverbio	p.	pagina
cap. / capp.	capitolo / capitoli	part.	participio
cf. / cfr.	confronta	pass.	passivo
cong.	congiunzione	perf.	perfetto
costr.	costrutto	pers.	personale
dimostr.	dimostrativo	pl.	plurale
ecc.	eccetera	prep.	preposizione
f.	femminile	pron.	pronome
gent.	gentilizio	s.	singolare
imperat.	imperativo	sost.	sostantivo / sostantivato
imperf.	imperfetto	spec.	specialmente
inf.	infinito	suff.	suffisso
interr.	interrogativo	TM	Testo Masoretico
lett.	letteralmente	v. / vv.	versetto / versetti

Le abbreviazioni dei libri biblici seguono *La Sacra Bibbia* edita dalla Conferenza Episcopale Italiana (CEI), *editio princeps* 1971 e riedizioni successive.

L'asterisco (*) accanto ad una forma grammaticale indica che essa non è attestata.

1. Testo e traduzione

Il testo ebraico, con traduzione italiana a fronte, viene suddiviso in segmenti che costituiscono proposizioni complete dal punto di vista grammaticale.

L'analisi sintattica, cioè il rapporto tra le varie proposizioni, viene indicata graficamente disponendo il testo su tre livelli:

- linea principale (o primo piano) della narrazione
- linea secondaria (antefatto della narrazione che segue)
- discorso diretto.

Le forme verbali di tipo wayyiqtol segnano la *linea principale* della narrazione e perciò sono allineate sul margine destro della pagina; le forme verbali della linea secondaria, che indicano *lo sfondo* di un precedente wayyiqtol, sono poste anch'esse sul margine destro, dato che sono legate alla linea principale, ma vengono contrassegnate con la freccia ↑; le forme di *antefatto*, legate invece a un wayyiqtol successivo e che quindi segnano l'inizio di una nuova narrazione o di un nuovo episodio della medesima narrazione, sono poste su una riga rientrata verso sinistra; infine le forme verbali del *discorso diretto* sono poste su una riga ancora più rientrata verso sinistra.

Dall'analisi risulterà che la novella di Giona non presenta forme di antefatto, e quindi quel livello non viene di fatto utilizzato.

Secondo la descrizione del sistema verbale dell'ebraico biblico qui seguita (cf. tabella riassuntiva *infra*, § 3.1), si distinguono tre livelli di analisi: grammaticale, sintattico e linguistico-testuale (o macrosintattico).

A livello grammaticale le proposizioni sono verbali o non verbali secondo che abbiano o no una forma finita del verbo. La proposizione comprende due elementi essenziali: il soggetto e il predicato; altri elementi, come complementi e avverbi di vario genere, sono facoltativi.

A livello sintattico, cioè della funzione, le proposizioni si distinguono in principali e subordinate. Le prime costituiscono la linea principale della comunicazione nei tre assi temporali (passato, presente e futuro), mentre le seconde ne costituiscono la linea secondaria. Le prime iniziano la comunicazione e anche la proseguono in modo coordinato e collegato dal punto di vista semantico. Le seconde non proseguono la linea principale della comunicazione ma piuttosto la interrompono per fornire dei dettagli sull'informazione principale, per descriverla o per indicarne l'aspetto (continuato, abituale o ripetuto), o anche per comunicare informazioni su fatti avvenuti in precedenza. Benché l'ebraico non possa essere detto una lingua ricca di mezzi espressivi, tuttavia dispone di varie forme verbali e di costrutti non verbali che svolgono una funzione precisa, in quanto sono capaci di segnalare l'inizio, la continuazione, l'interruzione e la ripresa della linea, o del flusso, della comunicazione.

Il livello linguistico-testuale è il risultato dei due precedenti, nel senso che i vari costrutti grammaticali svolgono specifiche funzioni sintattiche all'interno di una narrazione o di un discorso e in questo modo delineano la linea della comunicazione nel suo complesso. Compito dell'analisi linguistico-testuale, o macrosintassi, è valutare, sulla base del livello grammaticale e di quello sintattico, lo svolgersi della linea complessiva della comunicazione: dove essa inizia, dove finisce e come è organizzata all'interno; se procede speditamente attraverso forme verbali e costrutti di livello principale, che per loro natura segnano progresso, oppure si interrompe per comunicare informazioni complementari di commento, specificazione, ecc., o anche informazioni di antefatto che introducono un nuovo episodio all'interno del medesimo racconto o segnano la fine del racconto presentando l'inizio di un nuovo racconto.

L'analisi linguistico-testuale qui presentata applica all'ebraico biblico la teoria di H. Weinrich[1]. Lo scopo di questo tipo di analisi è identificare e analizzare un'unità letteraria autonoma, chiamata racconto o "testo". Secondo la definizione di Weinrich, "Un testo è una successione logica (cioè coerente e consistente) di segni linguistici, posta tra due interruzioni notevoli della comunicazione"[2]. Per quanto riguarda l'ebraico biblico, nella narrazione storica

---

[1] H. Weinrich, *Tempus. Le funzioni dei tempi nel testo*, Bologna 1978. Questa è l'opera fondamentale della linguistica testuale, un metodo di analisi simile in parte alla "discourse analysis" praticata soprattutto negli Stati Uniti; si veda la discussione di A. Niccacci, "On the Hebrew Verbal System", in: R.D. Bergen (ed.), *Biblical Hebrew and Discourse Linguistics*, Dallas 1994, 117-137, spec. 117-118. La descrizione linguistico-testuale dell'ebraico di Niccacci si è sviluppata progressivamente, cominciando da *Sintassi del verbo ebraico nella prosa biblica classica*, Jerusalem 1986. Questa esposizione è stata corretta e aumentata nell'edizione inglese *The Syntax of the Verb in Classical Hebrew Prose*, Sheffield 1990, e più recentemente in quella spagnola *Sintaxis del Hebreo Bíblico. Traducido por Guadalupe Seijas de los Ríos-Zarzosa*, Estella (Navarra) 2002. Nel corso dell'analisi verrà citata l'edizione italiana (*Sintassi*), ma il lettore potrà consultare direttamente le traduzioni dato che esse hanno conservato la medesima numerazione dei capitoli e dei paragrafi. Una sintesi e un'applicazione della teoria a testi completi (Gs 1-6, Gdc 1-4.6-8, 2 Sam 5-7 // 1 Cr 11-17) si trovano in *Lettura sintattica della prosa ebraico-biblica. Principi e applicazioni*, Jerusalem 1991. Altri testi completi sono analizzati in studi posteriori: Gen 6-8 in "Diluvio, sintassi e metodo", *LA* 44 (1994) 9-46, e Es 19-24 in "Narrative Syntax of Exodus 19-24", in: E. van Wolde (ed.), *Narrative Syntax and the Hebrew Bible. Papers of the Tilburg Conference 1996*, Leiden - New York - Köln 1997, 203-228.

[2] Weinrich, *Tempus*, 14.

le interruzioni notevoli della comunicazione vengono segnalate dalle forme di antefatto, mentre la successione logica viene indicata dal wayyiqtol (cf. tabella delle forme verbali *infra*, § 3.1, num. 1).

L'analisi grammaticale e sintattica della parte in prosa sarà argomento dei §§ 3.2 e 3.4, la parte in poesia verrà esaminata nel § 3.3, mentre l'analisi linguistico-testuale dell'intero racconto verrà presentata nel § 3.5. Nel § 3.6 verranno suggeriti alcuni spunti per l'interpretazione.

1.1 Prima Parola del Signore

1,1

(a) Allora la parola di Dio venne a Giona
figlio di Amittai dicendo:

וַיְהִי֙ דְּבַר־יְהוָ֔ה אֶל־יוֹנָ֥ה בֶן־אֲמִתַּ֖י לֵאמֹֽר׃

1,2

(a) "Alzati,

קוּם֩

(b) va' a Ninive, la grande città,

לֵ֨ךְ אֶל־נִֽינְוֵ֜ה הָעִ֤יר הַגְּדוֹלָ֖ה

(c) e proclama contro di essa,

וּקְרָ֣א עָלֶ֑יהָ

(d) poiché la loro iniquità è salita alla mia presenza".

כִּֽי־עָלְתָ֥ה רָעָתָ֖ם לְפָנָֽי׃

1,3

(a) Ma Giona si alzò per fuggire verso Tarsis
lontano dalla presenza del Signore.

וַיָּ֤קָם יוֹנָה֙ לִבְרֹ֣חַ תַּרְשִׁ֔ישָׁה מִלִּפְנֵ֖י יְהוָ֑ה

(b) Scese a Giaffa

וַיֵּ֣רֶד יָפ֗וֹ

(c) e trovò una nave che stava andando a Tarsis.

וַיִּמְצָ֥א אָנִיָּ֣ה ׀ בָּאָ֣ה תַרְשִׁ֗ישׁ

(d) Pagò il prezzo di essa

וַיִּתֵֵּ֨ן שְׂכָרָ֜הּ

(e) e salì a bordo per andare con loro
a Tarsis lontano dalla presenza del Signore,

וַיֵּ֤רֶד בָּהּ֙ לָב֤וֹא עִמָּהֶם֙ תַּרְשִׁ֔ישָׁה מִלִּפְנֵ֖י יְהוָֽה׃

1,4

(a) ma subito il Signore gettò un forte vento
sul mare.

↑ וַֽיהוָ֗ה הֵטִ֤יל רֽוּחַ־גְּדוֹלָה֙ אֶל־הַיָּ֔ם

(b) Così venne una grande tempesta sul mare

וַיְהִ֥י סַֽעַר־גָּד֖וֹל בַּיָּ֑ם

(c) e subito la nave minacciò di spezzarsi.

↑ וְהָ֣אֳנִיָּ֔ה חִשְּׁבָ֖ה לְהִשָּׁבֵֽר׃

1,5

(a) Allora i marinai furono presi da timore,

וַיִּֽירְא֣וּ הַמַּלָּחִ֗ים

(b) gridarono ciascuno al suo dio

וַֽיִּזְעֲקוּ֮ אִ֣ישׁ אֶל־אֱלֹהָיו֒

(c) e gettarono in mare
gli attrezzi che erano nella nave per alleggerire il loro peso,

וַיָּטִ֨לוּ אֶת־הַכֵּלִ֜ים אֲשֶׁ֤ר בָּֽאֳנִיָּה֙ אֶל־הַיָּ֔ם לְהָקֵ֖ל מֵֽעֲלֵיהֶ֑ם

(d) mentre Giona scese nelle parti interne della nave.

↑ וְיוֹנָ֗ה יָרַד֙ אֶל־יַרְכְּתֵ֣י הַסְּפִינָ֔ה

(e) Si coricò

וַיִּשְׁכַּ֖ב

(f) e si addormentò.

וַיֵּרָדַֽם׃

Linea principale della narrazione
Linea secondaria (sfondo) ↑
Linea secondaria (antefatto)
Discorso diretto |

1,6

(a) Allora il capitano gli si avvicinò   וַיִּקְרַב אֵלָיו רַב הַחֹבֵל

(b) e gli disse: וַיֹּאמֶר לוֹ

(c) "Cosa fai addormentato?   מַה־לְּךָ נִרְדָּם

(d) Alzati,   קוּם

(e) invoca il tuo dio!   קְרָא אֶל־אֱלֹהֶיךָ

(f) Forse il dio si darà pensiero di noi   אוּלַי יִתְעַשֵּׁת הָאֱלֹהִים לָנוּ

(g) e così non periremo".   וְלֹא נֹאבֵד׃

1,7

(a) Ed essi dissero l'un l'altro: וַיֹּאמְרוּ אִישׁ אֶל־רֵעֵהוּ

(b) "Venite,   לְכוּ

(c) gettiamo le sorti   וְנַפִּילָה גּוֹרָלוֹת

(d) per sapere   וְנֵדְעָה

(e) a causa di chi soffriamo questa calamità".   בְּשֶׁלְּמִי הָרָעָה הַזֹּאת לָנוּ

(f) Gettarono le sorti   וַיַּפִּלוּ גּוֹרָלוֹת

(g) e la sorte cadde su Giona.   וַיִּפֹּל הַגּוֹרָל עַל־יוֹנָה׃

1,8

(a) Allora gli dissero: וַיֹּאמְרוּ אֵלָיו

(b) "Dicci per favore: הַגִּידָה־נָּא לָנוּ

(c) a causa di chi soffriamo questa calamità?   בַּאֲשֶׁר לְמִי־הָרָעָה הַזֹּאת לָנוּ

(d) Qual è la tua occupazione   מַה־מְּלַאכְתְּךָ

(e) e da dove vieni mai?   וּמֵאַיִן תָּבוֹא

(f) Qual è la tua terra   מָה אַרְצֶךָ

(g) e di quale popolo sei?".   וְאֵי־מִזֶּה עַם אָתָּה׃

1,9

(a) Rispose loro: וַיֹּאמֶר אֲלֵיהֶם

(b) "Io sono ebreo   עִבְרִי אָנֹכִי

(c) e il Signore Dio del cielo io temo,   וְאֶת־יְהוָה אֱלֹהֵי הַשָּׁמַיִם אֲנִי יָרֵא

(d) il quale ha fatto il mare e la terraferma".   אֲשֶׁר־עָשָׂה אֶת־הַיָּם וְאֶת־הַיַּבָּשָׁה׃

1,10

(a) Allora quegli uomini furono presi da grande timore   וַיִּירְאוּ הָאֲנָשִׁים יִרְאָה גְדוֹלָה

(b) e gli dissero: וַיֹּאמְרוּ אֵלָיו

Linea principale della narrazione
Linea secondaria (sfondo) ↑
Linea secondaria (antefatto)
Discorso diretto |

13

(c) "Perché hai fatto questo?", מַה־זֹּאת עָשִׂיתָ |

(d) poiché quelli uomini sapevano ↑ כִּי־יָדְעוּ הָאֲנָשִׁים

(e) che era dalla presenza del Signore che egli fuggiva, ↑ כִּי־מִלִּפְנֵי יְהוָה הוּא בֹרֵחַ

(f) poiché glielo aveva detto. ↑ כִּי הִגִּיד לָהֶם:

1,11

(a) Allora gli dissero: וַיֹּאמְרוּ אֵלָיו

(b) "Cosa dobbiamo farti מַה־נַּעֲשֶׂה לָּךְ |

(c) affinché il mare si plachi da sopra di noi?", וְיִשְׁתֹּק הַיָּם מֵעָלֵינוּ

(d) poiché il mare diveniva sempre più tempestoso. ↑ כִּי הַיָּם הוֹלֵךְ וְסֹעֵר:

1,12

(a) Egli rispose loro: וַיֹּאמֶר אֲלֵיהֶם

(b) "Prendetemi שָׂאוּנִי

(c) e gettatemi nel mare, וַהֲטִילֻנִי אֶל־הַיָּם

(d) affinché il mare si plachi da sopra di voi! וְיִשְׁתֹּק הַיָּם מֵעֲלֵיכֶם

(e) Infatti io so כִּי יוֹדֵעַ אָנִי

(f) che è per causa mia che questa grande tempesta è sopra di voi!". כִּי בְשֶׁלִּי הַסַּעַר הַגָּדוֹל הַזֶּה עֲלֵיכֶם:

1,13

(a) Tuttavia quegli uomini remarono strenuamente per riportare (la nave) alla terraferma, וַיַּחְתְּרוּ הָאֲנָשִׁים לְהָשִׁיב אֶל־הַיַּבָּשָׁה

(b) ma non poterono וְלֹא יָכֹלוּ

(c) perché il mare diveniva sempre più tempestoso su di loro. ↑ כִּי הַיָּם הוֹלֵךְ וְסֹעֵר עֲלֵיהֶם:

1,14

(a) Allora invocarono il Signore וַיִּקְרְאוּ אֶל־יְהוָה

(b) e dissero: וַיֹּאמְרוּ

(c) "Ti preghiamo, o Signore, אָנָּה יְהוָה |

(d) (fa' che) non periamo per la vita di questo uomo, אַל־נָא נֹאבְדָה בְּנֶפֶשׁ הָאִישׁ הַזֶּה

(e) e non porre su di noi sangue innocente; וְאַל־תִּתֵּן עָלֵינוּ דָּם נָקִיא |

(f) poiché tu, o Signore, כִּי־אַתָּה יְהוָה

(g) come a te è piaciuto כַּאֲשֶׁר חָפַצְתָּ

(h) hai fatto!". עָשִׂיתָ: |

Linea principale della narrazione
Linea secondaria (sfondo) ↑
Linea secondaria (antefatto)
Discorso diretto |

1,15

(a) Poi essi presero Giona

וַיִּשְׂאוּ אֶת־יוֹנָה

(b) e lo gettarono nel mare

וַיְטִלֻהוּ אֶל־הַיָּם

(c) e il mare cessò dalla sua furia.

וַיַּעֲמֹד הַיָּם מִזַּעְפּוֹ׃

1,16

(a) Allora quegli uomini furono presi da
grande timore per il Signore,

וַיִּירְאוּ הָאֲנָשִׁים יִרְאָה גְדוֹלָה אֶת־יְהוָה

(b) offrirono un sacrificio al Signore

וַיִּזְבְּחוּ־זֶבַח לַיהוָה

(c) e fecero voti.

וַיִּדְּרוּ נְדָרִים׃

2,1

(a) Allora il Signore provvide un grande pesce
per ingoiare Giona

וַיְמַן יְהוָה דָּג גָּדוֹל לִבְלֹעַ אֶת־יוֹנָה

(b) e Giona rimase nel ventre del
pesce tre giorni e tre notti.

וַיְהִי יוֹנָה בִּמְעֵי הַדָּג שְׁלֹשָׁה יָמִים וּשְׁלֹשָׁה לֵילוֹת׃

2,2

(a) Allora Giona pregò il Signore suo Dio
dal ventre del pesce

וַיִּתְפַּלֵּל יוֹנָה אֶל־יְהוָה אֱלֹהָיו מִמְּעֵי הַדָּגָה׃

2,3

(a) e disse:

וַיֹּאמֶר

(b) "Ho invocato dal mio stato di angoscia,

קָרָאתִי מִצָּרָה לִי

(c) il Signore ed egli mi ha risposto.

אֶל־יְהוָה וַיַּעֲנֵנִי

(d) Dal ventre dello sheol ho implorato,

מִבֶּטֶן שְׁאוֹל שִׁוַּעְתִּי

(e) hai ascoltato la mia voce.

שָׁמַעְתָּ קוֹלִי׃

2,4

(a) In verità tu mi hai gettato nella profondità,

וַתַּשְׁלִיכֵנִי מְצוּלָה

(b) nel cuore dei mari,

בִּלְבַב יַמִּים

(c) mentre un torrente mi circondava;

וְנָהָר יְסֹבְבֵנִי

(d) tutti i tuoi flutti e le tue onde

כָּל־מִשְׁבָּרֶיךָ וְגַלֶּיךָ

(e) su di me sono passati.

עָלַי עָבָרוּ׃

2,5

(a) E io, da parte mia, dissi:

וַאֲנִי אָמַרְתִּי

(b) Sono stato cacciato da davanti ai tuoi occhi,

נִגְרַשְׁתִּי מִנֶּגֶד עֵינֶיךָ

Linea principale della narrazione
Linea secondaria (sfondo) ↑
Linea secondaria (antefatto)
Discorso diretto |

15

(c) tuttavia continuerò a contemplare

(d) il tuo santo Tempio.

אַךְ אוֹסִיף לְהַבִּיט

אֶל־הֵיכַל קָדְשֶׁךָ׃

2,6

(a) Mi hanno accerchiato acque fino alla gola,

(b) mentre l'abisso mi circondava,

(c) canne erano avvinte alla mia testa.

אֲפָפוּנִי מַיִם עַד־נֶפֶשׁ

תְּהוֹם יְסֹבְבֵנִי

סוּף חָבוּשׁ לְרֹאשִׁי׃

2,7

(a) Fino alle radici dei monti sono sceso,

(b) mentre l'oltretomba, le sue sbarre erano

dietro di me per sempre.

(c) Ma tu hai fatto risalire dalla fossa la mia vita,

(d) o Signore mio Dio!

לְקִצְבֵי הָרִים יָרַדְתִּי

הָאָרֶץ בְּרִחֶיהָ בַעֲדִי לְעוֹלָם

וַתַּעַל מִשַּׁחַת חַיַּי

יְהוָה אֱלֹהָי׃

2,8

(a) Mentre la mia anima veniva meno su di me,

(b) il Signore ho ricordato

(c) e la mia preghiera è giunta fino a te,

(d) al Luogo/all'Abitazione della tua santità.

בְּהִתְעַטֵּף עָלַי נַפְשִׁי

אֶת־יְהוָה זָכָרְתִּי

וַתָּבוֹא אֵלֶיךָ תְּפִלָּתִי

אֶל־הֵיכַל קָדְשֶׁךָ׃

2,9

(a) Quelli che venerano vanità inutili,

(b) abbandoneranno la loro misericordia.

מְשַׁמְּרִים הַבְלֵי־שָׁוְא

חַסְדָּם יַעֲזֹבוּ׃

2,10

(a) Io invece con voce di ringraziamento

ti offrirò sacrifici;

(b) quello che ho promesso con voto lo compirò!

(c) La salvezza appartiene al Signore!".

וַאֲנִי בְּקוֹל תּוֹדָה אֶזְבְּחָה־לָּךְ

אֲשֶׁר נָדַרְתִּי אֲשַׁלֵּמָה

יְשׁוּעָתָה לַיהוָה׃ ס

2,11

(a) Allora il Signore ordinò al pesce

(b) ed esso vomitò Giona sulla terraferma.

וַיֹּאמֶר יְהוָה לַדָּג

וַיָּקֵא אֶת־יוֹנָה אֶל־הַיַּבָּשָׁה׃ פ

Linea principale della narrazione
Linea secondaria (sfondo) ↑
Linea secondaria (antefatto)
Discorso diretto |

1.2 Seconda Parola del Signore

3,1

(a) Allora la parola del Signore venne a Giona una seconda volta dicendo:

וַיְהִ֧י דְבַר־יְהוָ֛ה אֶל־יוֹנָ֖ה שֵׁנִ֥ית לֵאמֹֽר׃

3,2

(a) "Alzati,

ק֣וּם

(b) va' a Ninive, la grande città,

לֵ֛ךְ אֶל־נִֽינְוֵ֥ה הָעִ֖יר הַגְּדוֹלָ֑ה

(c) e proclama ad essa il proclama

וּקְרָ֤א אֵלֶ֙יהָ֙ אֶת־הַקְּרִיאָ֔ה

(d) che io ti dirò".

אֲשֶׁ֥ר אָנֹכִ֖י דֹּבֵ֥ר אֵלֶֽיךָ׃

3,3

(a) Allora Giona si alzò

וַיָּ֣קָם יוֹנָ֗ה

(b) e andò a Ninive secondo la parola del Signore.

וַיֵּ֙לֶךְ֙ אֶל־נִ֣ינְוֵ֔ה כִּדְבַ֖ר יְהוָ֑ה

(c) Ora Ninive era una grande città per il Signore, di un cammino di tre giorni.

↑ וְנִֽינְוֵ֗ה הָיְתָ֤ה עִיר־גְּדוֹלָה֙ לֵֽאלֹהִ֔ים מַהֲלַ֖ךְ שְׁלֹ֥שֶׁת יָמִֽים׃

3,4

(a) Giona cominciò a entrare nella città per un cammino di un giorno,

וַיָּ֤חֶל יוֹנָה֙ לָב֣וֹא בָעִ֔יר מַהֲלַ֖ךְ י֣וֹם אֶחָ֑ד

(b) poi proclamò

וַיִּקְרָא֙

(c) e disse:

וַיֹּאמַ֔ר

(d) "Ancora quaranta giorni

ע֚וֹד אַרְבָּעִ֣ים י֔וֹם

(e) e Ninive sarà distrutta!".

וְנִֽינְוֵ֖ה נֶהְפָּֽכֶת׃

3,5

(a) Gli uomini di Ninive credettero a Dio,

וַֽיַּאֲמִ֛ינוּ אַנְשֵׁ֥י נִֽינְוֵ֖ה בֵּֽאלֹהִ֑ים

(b) proclamarono un digiuno

וַיִּקְרְאוּ־צוֹם֙

(c) e si vestirono di sacchi dal più grande al più piccolo di essi.

וַיִּלְבְּשׁ֣וּ שַׂקִּ֔ים מִגְּדוֹלָ֖ם וְעַד־קְטַנָּֽם׃

3,6

(a) Poi la cosa giunse al re di Ninive.

וַיִּגַּ֤ע הַדָּבָר֙ אֶל־מֶ֣לֶךְ נִֽינְוֵ֔ה

(b) Egli si alzò dal suo trono,

וַיָּ֙קָם֙ מִכִּסְא֔וֹ

(c) si tolse il manto,

וַיַּעֲבֵ֥ר אַדַּרְתּ֖וֹ מֵֽעָלָ֑יו

(d) si coprì di sacco

וַיְכַ֣ס שַׂ֔ק

(e) e si sedette sulla cenere.

וַיֵּ֖שֶׁב עַל־הָאֵֽפֶר׃

Linea principale della narrazione
Linea secondaria (sfondo) ↑
Linea secondaria (antefatto)
Discorso diretto |

3,7

(a) Poi fece proclamare

וַיַּזְעֵק

(b) e ordinò in Ninive con decreto del re
e dei suoi dignitari dicendo:

וַיֹּאמֶר בְּנִינְוֵה מִטַּעַם הַמֶּלֶךְ וּגְדֹלָיו לֵאמֹר

(c) "L'uomo e l'animale, il bestiame e il gregge,

הָאָדָם וְהַבְּהֵמָה הַבָּקָר וְהַצֹּאן

(d) non gustino alcunché,

אַל־יִטְעֲמוּ מְאוּמָה

(e) non pascolino

אַל־יִרְעוּ

(f) e neppure acqua bevano.

וּמַיִם אַל־יִשְׁתּוּ :

3,8

(a) E si coprano di sacchi, sia l'uomo
che l'animale,

וְיִתְכַּסּוּ שַׂקִּים הָאָדָם וְהַבְּהֵמָה

(b) e invochino Dio con forza

וְיִקְרְאוּ אֶל־אֱלֹהִים בְּחָזְקָה

(c) e ritornino indietro
ognuno dalla sua strada cattiva e dalla violenza che è nelle loro mani!

וְיָשֻׁבוּ אִישׁ מִדַּרְכּוֹ הָרָעָה וּמִן־הֶחָמָס אֲשֶׁר בְּכַפֵּיהֶם :

3,9

(a) Chissà, forse ritornerà indietro

מִי־יוֹדֵעַ יָשׁוּב

(b) e si pentirà, Dio;

וְנִחַם הָאֱלֹהִים

(c) ritornerà dal furore della sua ira,

וְשָׁב מֵחֲרוֹן אַפּוֹ

(d) e così non periremo".

וְלֹא נֹאבֵד :

3,10

(a) Allora Dio vide le loro opere,

וַיַּרְא הָאֱלֹהִים אֶת־מַעֲשֵׂיהֶם

(b) che cioè erano ritornati indietro dalla loro strada cattiva,

↑ כִּי־שָׁבוּ מִדַּרְכָּם הָרָעָה

(c) perciò Dio si pentì della sventura

וַיִּנָּחֶם הָאֱלֹהִים עַל־הָרָעָה

(d) che aveva detto di far loro

↑ אֲשֶׁר־דִּבֶּר לַעֲשׂוֹת־לָהֶם

(e) e non la fece.

וְלֹא עָשָׂה :

4,1

(a) Ma la cosa dispiacque a Giona molto fortemente

וַיֵּרַע אֶל־יוֹנָה רָעָה גְדוֹלָה

(b) e si adirò.

וַיִּחַר לוֹ :

4,2

(a) Poi egli pregò il Signore

וַיִּתְפַּלֵּל אֶל־יְהוָה

(b) e disse:

וַיֹּאמַר

(c) "Ti prego, Signore!

אָנָּה יְהוָה |

Linea principale della narrazione
Linea secondaria (sfondo) ↑
Linea secondaria (antefatto)
Discorso diretto |

(d) Non era questa la mia parola   הֲלוֹא־זֶה דְבָרִי עַד־הֱיוֹתִי עַל־אַדְמָתִי

finché ero nel mio paese?

(e) Per questo mi volsi per fuggire   עַל־כֵּן קִדַּמְתִּי לִבְרֹחַ תַּרְשִׁישָׁה

verso Tarsis:

(f) perché sapevo   כִּי יָדַעְתִּי

(g) che tu   כִּי אַתָּה אֵל־חַנּוּן וְרַחוּם אֶרֶךְ אַפַּיִם וְרַב־חֶסֶד וְנִחָם עַל־הָרָעָה׃

sei un Dio clemente e misericordioso, lento all'ira e grande nella benevolenza e che

si pente della calamità.

    4,3

(a) E perciò, o Signore,   וְעַתָּה יְהוָה

(b) ti prego, prendi la mia vita,   קַח־נָא אֶת־נַפְשִׁי מִמֶּנִּי

(c) perché è meglio la mia morte della mia vita!".   כִּי טוֹב מוֹתִי מֵחַיָּי׃ ס

    4,4

(a) Allora il Signore disse: וַיֹּאמֶר יְהוָה

(b) "Forse giustamente ti sei adirato?".   הַהֵיטֵב חָרָה לָךְ׃

    4,5

(a) Allora Giona uscì dalla città,   וַיֵּצֵא יוֹנָה מִן־הָעִיר

(b) si sedette a oriente della città   וַיֵּשֶׁב מִקֶּדֶם לָעִיר

(c) e si fece là una capanna.   וַיַּעַשׂ לוֹ שָׁם סֻכָּה

(d) Poi si sedette sotto di essa all'ombra   וַיֵּשֶׁב תַּחְתֶּיהָ בַּצֵּל

(e) fino a che vedesse   ↑ עַד אֲשֶׁר יִרְאֶה

(f) cosa sarebbe avvenuto alla città.   ↑ מַה־יִּהְיֶה בָּעִיר׃

    4,6

(a) Allora il Signore Dio provvide una pianta di ricino   וַיְמַן יְהוָה־אֱלֹהִים קִיקָיוֹן

(b) ed essa crebbe   וַיַּעַל מֵעַל לְיוֹנָה לִהְיוֹת צֵל עַל־רֹאשׁוֹ לְהַצִּיל לוֹ מֵרָעָתוֹ

sopra Giona per fare ombra sul suo capo, per liberarlo dalla sua calamità.

(c) Allora Giona gioì per il ricino di grande gioia.   וַיִּשְׂמַח יוֹנָה עַל־הַקִּיקָיוֹן שִׂמְחָה גְדוֹלָה׃

    4,7

(a) ma Dio provvide un verme al sorgere   וַיְמַן הָאֱלֹהִים תּוֹלַעַת בַּעֲלוֹת הַשַּׁחַר לַמָּחֳרָת

dell'alba il giorno dopo;

(b) esso attaccò il ricino   וַתַּךְ אֶת־הַקִּיקָיוֹן

(c) ed esso si seccò.   וַיִּיבָשׁ׃

Linea principale della narrazione
Linea secondaria (sfondo) ↑
Linea secondaria (antefatto)
Discorso diretto |

4,8

(a) Poi però appena spuntò il sole,

וַיְהִ֣י ׀ כִּזְרֹ֣חַ הַשֶּׁ֗מֶשׁ

(b) Dio provvide un vento torrido dell'Est;

וַיְמַ֤ן אֱלֹהִים֙ ר֣וּחַ קָדִים֙ חֲרִישִׁ֔ית

(c) il sole colpì sul capo di Giona

וַתַּ֥ךְ הַשֶּׁ֛מֶשׁ עַל־רֹ֥אשׁ יוֹנָ֖ה

(d) ed egli venne meno

וַיִּתְעַלָּ֑ף

(e) e chiese di morire.

וַיִּשְׁאַ֤ל אֶת־נַפְשׁוֹ֙ לָמ֔וּת

(f) Disse:

וַיֹּ֕אמֶר

(g) "Meglio la mia morte della mia vita!".

טֽוֹב מוֹתִ֖י מֵחַיָּֽי ׀

4,9

(a) Allora Dio disse a Giona:

וַיֹּ֤אמֶר אֱלֹהִים֙ אֶל־יוֹנָ֔ה

(b) "Forse giustamente ti sei adirato

per il ricino?".

הַהֵיטֵ֥ב חָרָֽה־לְךָ֖ עַל־הַקִּֽיקָי֑וֹן ׀

(c) Egli rispose:

וַיֹּ֕אמֶר

(d) "Giustamente mi sono adirato fino a morte!".

הֵיטֵ֥ב חָֽרָה־לִ֖י עַד־מָֽוֶת ׀

4,10

(a) E il Signore disse:

וַיֹּ֣אמֶר יְהוָ֔ה

(b) "Tu hai avuto compassione del ricino

אַתָּ֥ה חַ֙סְתָּ֙ עַל־הַקִּ֣יקָי֔וֹן

(c) per il quale non hai faticato

אֲשֶׁ֛ר לֹא־עָמַ֥לְתָּ בּ֖וֹ

(d) e non l'hai cresciuto,

וְלֹ֣א גִדַּלְתּ֑וֹ

(e) che in una notte è nato

שֶׁבִּן־לַ֥יְלָה הָיָ֖ה

(f) e in una notte è perito.

וּבִן־לַ֥יְלָה אָבָֽד ׀

4,11

(a) E io non dovrei avere

compassione di Ninive, la grande città,

וַֽאֲנִי֙ לֹ֣א אָח֔וּס עַל־נִינְוֵ֖ה הָעִ֣יר הַגְּדוֹלָ֑ה

(b) in cui ci sono più di

centoventimila persone,

אֲשֶׁ֣ר יֶשׁ־בָּ֡הּ הַרְבֵּה֩ מִֽשְׁתֵּים־עֶשְׂרֵ֨ה רִבּ֜וֹ אָדָ֗ם

(c) di cui nessuno distingue
la sua destra dalla sua sinistra, e molti animali?".

אֲשֶׁ֤ר לֹֽא־יָדַע֙ בֵּין־יְמִינ֣וֹ לִשְׂמֹאל֔וֹ וּבְהֵמָ֖ה רַבָּֽה ׀

Linea principale della narrazione
Linea secondaria (sfondo) ↑
Linea secondaria (antefatto)
Discorso diretto ׀

2. Analisi morfologica

Introduzione

L'analisi morfologica del testo ebraico è completa. Data la brevità del libro di Giona, il testo viene affrontato parola per parola dall'inizio alla fine. Uno spazio particolare viene attribuito alla morfologia del verbo del quale si riportano sistematicamente radice, coniugazione, modo e persona. Spesso vengono segnalati cambiamenti di vocale dovuti a particolari accenti biblici e alle pause. La traduzione italiana, che segue l'analisi morfologica, è volutamente letterale; una traduzione più completa e con la dovuta punteggiatura viene fornita nella sezione dedicata alla sintassi. Abbiamo fatto diversi riferimenti e citazioni alla grammatica di Deiana-Spreafico (citata *Grammatica*) che è lo strumento di lavoro più facilmente reperibile in lingua italiana. Per riferimenti più specifici abbiamo talvolta rinviato alla grammatica di Joüon-Muraoka (citata Joüon-Muraoka). Fra gli altri strumenti usati ricordiamo i dizionari in lingua italiana di Reymond e Scerbo e la concordanza ebraica di Even-Shoshan.

Nota bibliografica

Deiana G. - Spreafico A., *Guida allo studio dell'ebraico biblico*, Società Biblica Britannica & Forestiera, Roma 1992[3].

Deiana G., *Guida all'approfondimento dell'ebraico biblico*, Società Biblica Britannica & Forestiera, Roma 1999 (le pp. 97-119 contengono l'analisi del testo ebraico di Giona).

Even-Shoshan A., *A New Concordance of the Bible. Thesaurus of the Language of the Bible, Hebrew and Aramaic, Roots, Words, Proper Names, Phrases and Synonyms*, Jerusalem 1981[3] (in ebraico).

Joüon P., *A Grammar of Biblical Hebrew, Translated and Revised by T. Muraoka,* I-II (Subsidia Biblica, 14) Rome 1992.

Reymond Ph., *Dizionario di Ebraico e Aramaico Biblici* (edizione italiana a cura di J. A. Soggin (coordinatore), F. Bianchi, M. Cimosa, G. Deiana, D. Garrone, A. Spreafico), Società Biblica Britannica & Forestiera, Roma 1995.

Scerbo F., *Dizionario ebraico e caldaico del Vecchio Testamento*, Firenze 1912; *Lessico dei nomi propri ebraici del Vecchio Testamento*, Firenze 1913.

Capitolo I

1,1

וַיְהִי : radice היה "essere" (*Grammatica*, § 27); coniugazione *Qal*; imperf. inverso; 3 m. s. = E fù.

דְּבַר־יְהֹוָה : sost. m. דָּבָר "parola" in stato costr. + nome di Dio = la parola di YHWH.

אֶל־יוֹנָה : prep. אֶל "verso, in direzione di"+ nome proprio m. = a Giona.

בֶן־אֲמִתַּי : sost. m. בֶּן "figlio" (*Grammatica*, § 22) in stato costr. + nome proprio = figlio di Amittai.

לֵאמֹר : radice אמר "dire" (*Grammatica*, § 34); coniugazione *Qal*; inf. costr. (אֱמֹר preceduto dalla prep. לְ: לֶא > לֵא; equivalente al gerundio o ai due punti che introducono il discorso diretto; cfr. 3,1 e 3,7) = dicendo (oppure = :).

1,2

קוּם : radice קוּם "alzarsi, levarsi" (*Grammatica*, paradigma X); coniugazione *Qal*; imperat.; 2 m. s. = levati.

לֵךְ : radice הלך "andare" (*Grammatica*, § 38); coniugazione *Qal*; imperat.; 2 m. s. = va'.

אֶל־נִינְוֵה : prep. אֶל "verso, in direzione di" (cfr. 1,1) + nome proprio di città = a Ninive.

הָעִיר הַגְּדוֹלָה : sost. f. עִיר "città" preceduto dall'articolo (הָ davanti a ע) + agg. f. s. da גָּדוֹל "grande" preceduto dall'articolo = la città grande.

וּקְרָא : cong. וְ (וּ davanti a *šəwā* che segue) + radice קרא "chiamare, proclamare" (*Grammatica*, paradigma XII); coniugazione *Qal*; imperat.; 2 m. s. (cfr. 3,2) = e proclama.

עָלֶיהָ : prepos. עַל "sopra, contro" (*Grammatica*, § 21f) con suff. 3 f. s. = contro di essa/al suo riguardo.

כִּי־עָלְתָה : cong. כִּי con valore dichiarativo "che" o causale "perché" + radice עלה "salire" (*Grammatica*, paradigma XIII); coniugazione *Qal*; perf.; 3 f. s. = che/perché è salita.

רָעָתָם : sost. f. רָעָה "malvagità" con suff. 3 m. pl. = la loro malvagità.

לְפָנַי : prepos. לְ "a" + sost. *pl. tantum* פָּנִים "volto" (l'espressione significa "davanti") con suff. 1 s. (' ֽ - per ' ִ - in pausa) = davanti a me/al mio cospetto.

1,3

וַיָּקָם : (*wayyāqom*) radice קוּם "alzarsi, levarsi" (cfr. 1,2); coniugazione *Qal*; imperf. inverso; 3 m. s.; forma ordinaria יָקוּם; iussiva יָקֹם; con *Waw* וַיָּקָם = si levò.

יוֹנָה : nome proprio m. (cfr. 1,1) = Giona.

לִבְרֹחַ : radice ברח "fuggire" (*Grammatica*, paradigma VI); coniugazione *Qal*; inf. costr. preceduto da לְ (לְ > לִ a causa della vocale che segue) = per fuggire.

תַּרְשִׁישָׁה : nome proprio di luogo תַּרְשִׁישׁ "Tarsis" con desinenza locativa הָ - = a/in direzione di Tarsis.

מִלִּפְנֵי יְהוָה : prep. מִן "da" + prep. לְ + sost. *pl. tantum* פָּנִים "volto" in stato costr. (l'espressione significa "da davanti"; cfr. 1,2) + nome di Dio = da davanti a YHWH.

וַיֵּרֶד : radice ירד "scendere" (*Grammatica*, paradigma IX); coniugazione *Qal*; imperf. inverso; 3 m. s. (forma ordinaria יֵרֵד; con *Waw* וַיֵּרֶד) = scese.

יָפוֹ : nome proprio di città = (a) Giaffa.

וַיִּמְצָא : radice מצא "trovare" (*Grammatica*, paradigma XII); coniugazione *Qal*; imperf. inverso; 3 m. s. = e trovò.

אֳנִיָּה | בָּאָה : sost. f. אֳנִיָּה (anche אֳנִיָּה) "nave, imbarcazione" + radice בוא "venire, entrare" (*Grammatica*, § 41); coniugazione *Qal*; part.; f. s. (l'accento sull'ultima sillaba indica che la forma è da intendersi come part. e non perf. 3 f. s.) = una nave entrante.

תַּרְשִׁישׁ : vedi sopra = (a) Tarsis (cioè: diretta a Tarsis).

וַיִּתֵּן : radice נתן "dare" (*Grammatica*, § 36); coniugazione *Qal*; imperf. inverso; 3 m. s. = diede.

שְׂכָרָה : sost. m. שָׂכָר "nolo, prezzo" con suff. 3 f. s. (riferito alla nave) = il suo (della nave) nolo/prezzo.

וַיֵּרֶד בָּהּ : radice ירד (vedi sopra) + prep. בְּ "in" (*Grammatica*, § 21f) con suff. 3 f. s. = e scese in essa.

לָבוֹא עִמָּהֶם : radice בוא "venire, entrare" (vedi sopra); coniugazione *Qal*; inf. costr. preceduto da לְ (לַ > לְ a causa dell'accento sulla sillaba seguente) + prep. עִם "con" con suff. 3 m. pl. (riferito ai naviganti: la forma עִמָּהֶם per עִמָּם è frequente nei libri biblici tardivi) = per entrare/arrivare con essi.

תַּרְשִׁישָׁה : vedi sopra = a/in Tarsis.

מִלִּפְנֵי יְהוָה: : vedi sopra = da davanti a YHWH.

1,4

וַיהוָה : nome di Dio preceduto da וְ con valore avversativo "ma" (וַ > וְ da וַאֲדֹנָי) = ma YHWH.

הֵטִיל : radice טול / טיל (*Grammatica*, paradigma X); coniugazione *Hifil* "lanciare, gettare"; perf.; 3 m. s. = suscitò/lanciò.

רוּחַ־גְּדוֹלָה : sost. f. רוּחַ "vento, spirito" + agg. f. s. da גָּדוֹל "grande" (cfr. 1,2) = un grande/forte vento.

אֶל־הַיָּם : prep. אֶל "verso" (cfr. 1,1) + sost. m. יָם "mare" preceduto dall'articolo = sul mare.

וַיְהִי : radice היה "essere" (cfr. 1,1) = e vi fù.

סַעַר־גָּדוֹל : sost. m. סַעַר "tempesta" + agg. m. s. (vedi sopra) = tempesta grande.

בַּיָּם : prep. בְּ + art. הַ + יָם (vedi sopra) = nel mare.

וְהָאֳנִיָּה חִשְּׁבָה : cong. וְ + art. הַ (הָ davanti a א) + sost. f. (cfr. 1,3) + radice חשב "pensare, reputare, avere l'intenzione"; coniugazione *Piel*; perf.; 3 f. s. = e la nave era sul punto di/stava per.

לְהִשָּׁבֵר: : prep. לְ + radice שבר "spezzare, rompere"; coniugazione *Nifal*; inf. costr. = spezzarsi.

1,5

וַיִּירְאוּ : radice ירא "temere" (verbo stativo יָרֵא; *Grammatica*, paradigma IX); coniugazione *Qal*; imperf. inverso; 3 m. pl. = temettero.

הַמַּלָּחִים : art. הַ + sost. m. מַלָּח "marinaio" al pl. = i marinai.

וַיִּזְעֲקוּ : radice זעק "gridare" (*Grammatica*, paradigma V); coniugazione *Qal*; imperf. inverso; 3 m. pl. = e gridarono.

אִישׁ אֶל־אֱלֹהָיו : sost. m. s. אִישׁ "uomo" nel senso di pronome indefinito "ognuno" + prep. אֶל "verso, in direzione di" (cfr. 1,1) + sost. m. אֱלֹהַּ "dio, divinità" al pl. (אֱלֹהִים) con suff. 3 m. s. = ognuno ai suoi dei.

וַיָּטִלוּ : radice טיל / טול (cfr. 1,4); coniugazione *Hifil* "lanciare, gettare"; imperf. inverso; 3 m. pl. (scritto *defective* per וַיַּטִילוּ) = e gettarono.

אֶת־הַכֵּלִים : particella dell'accus. אֵת (אֶת־ con *maqqef*) + sost. m. כְּלִי "vaso, oggetto, utensile" al pl. preceduto da art. = gli oggetti.

אֲשֶׁר בָּאֳנִיָּה : pron. relativo אֲשֶׁר + prep. בְּ + art. הַ (הָ davanti a א) + sost. f. (cfr. 1,4) = che (si trovavano) nella nave.

אֶל־הַיָּם : cfr. 1,4 = nel mare.

לְהָקֵל : prep. לְ + radice קלל "essere leggero" (*Grammatica*, paradigma XI); coniugazione *Hifil* "fare leggero, alleggerire"; inf. costr. = per alleggerire.

מֵעֲלֵיהֶם : prep. מִן "da" + prep. עַל "su, sopra" (cfr. 1,2) con suff. 3 m. pl. = da sopra di essi (cioè: per alleggerirsene).

וְיוֹנָה יָרַד : cong. וְ + nome proprio + radice ירד "scendere"; coniugazione *Qal*; perf.; 3 m. s. = Giona scese/era sceso.

אֶל־יַרְכְּתֵי הַסְּפִינָה : prep. אֶל "verso" (cfr. 1,1) + sost. f. duale costr. di יַרְכָה (non attestato al s. Il duale ass. è יַרְכָתַיִם) "fianco, lato" + sost. f. סְפִינָה "imbarcazione, nave" (attestato solo qui) preceduto dall'articolo = fra le fiancate della nave.

וַיִּשְׁכַּב : radice שכב "giacere, stendersi"; coniugazione *Qal*; imperf. inverso; 3 m. s. = e si stese/si era steso.

וַיֵּרָדַם: : radice רדם "giacere, stendersi"; usata alla coniugazione *Nifal*; imperf. inverso; 3 m. s. (forma pausale per וַיֵּרָדֵם) = e si addormentò/si era addormentato.

1,6

וַיִּקְרַב אֵלָיו : radice קרב "avvicinarsi"; coniugazione *Qal*; imperf. inverso; 3 m. s. + prep. אֶל "verso, in direzione di" (cfr. 1,1 e *Grammatica*, § 21f) con suff. 3 m. s. = si avvicinò a lui.

רַב הַחֹבֵל : agg. sost. רַב "grande, capo" + sost. m. חֹבֵל "marinaio" preceduto dall'articolo: insieme significano "capitano di marina" = il capitano (della nave).

וַיֹּאמֶר לוֹ : radice אמר "dire, parlare" (*Grammatica*, § 34); coniugazione *Qal*; imperf. inverso; 3 m. s. + prep. לְ "a" (*Grammatica*, § 21f) con suff. 3 m. s. = e gli disse.

מַה־לְּךָ נִרְדָּם : pron. interr. per le cose מָה (oppure מַה־ seguito da *dageš*; cfr. anche 1,8; *Grammatica*, § 15) "che cosa" + prep. לְ con suff. 2 m. s. "a te" + radice רדם (cfr. 1,5); coniugazione *Nifal* "dormire, addormentarsi"; part.; m. s. = che cosa fai addormentato? (lett.: che cosa a te dormiente?).

קוּם : radice קום "alzarsi"; coniugazione *Qal*; imperat.; 2 m. s. (cfr. 1,2) = alzati.

קְרָא אֶל־אֱלֹהֶיךָ : radice קרא "chiamare, gridare"; coniugazione *Qal*; imperat.; 2 m. s. (cfr. 1,2) + prep. אֶל (cfr. 1,1) + pl. del sost. m. אֱלֹהַּ "dio, divinità" (cfr. 1,5) con suff. 2 m. s. = chiama/grida ai tuoi dei (oppure: al tuo dio).

אוּלַי : avv. = forse.

יִתְעַשֵּׁת : radice עשׁת; usata alla coniugazione *Hitpael* "pensare, darsi pensiero"; imperf.; 3 m. s. = si darà pensiero.

הָאֱלֹהִים לָנוּ : pl. del sost. m. אֱלֹהַּ "dio, divinità" preceduto dall'art. + prep. לְ (retta dal verbo) con suff. 1 pl. = il dio per noi.

וְלֹא נֹאבֵד: : cong. וְ + avv. di negazione לֹא "no/non" + radice אבד "perire" (*Grammatica*, paradigma VII), coniugazione *Qal*; imperf.; 1 pl. (forma pausale per נֹאבַד; cfr. anche 3,9) = e non periremo.

1,7

וַיֹּאמְרוּ : radice אמר "parlare, dire" (cfr. 1,6); coniugazione *Qal*; imperf. inverso; 3 m. pl. = dissero.

אִישׁ אֶל־רֵעֵהוּ : sost. m. אִישׁ "uomo" usato qui nel senso di pron. indefinito "uno, ognuno" (cfr. 1,5) + preposizione אֶל "a, verso" (cfr. 1,1) + sost. m. רֵעַ "prossimo" usato qui come correlativo di אִישׁ nel senso di "altro", con suff. 3 m. s. = uno all'altro/l'un l'altro.

לְכוּ : radice הלך "andare" (cfr. 1,2); coniugazione *Qal*; imperat.; 2 m. pl. con valore verbale o di interiezione "orsù, suvvia" = venite/orsù.

וְנַפִּילָה גוֹרָלוֹת : cong. וְ + radice נפל "cadere" (*Grammatica*, paradigma VIII);

coniugazione *Hifil* "fare cadere, gettare"; imperf. coortativo; 1 pl. + pl. del sost. m. גּוֹרָל "sorte". L'espressione significa "gettare le sorti" = gettiamo le sorti.

וְנֵדְעָה : cong. וְ + radice ידע "conoscere, sapere" (*Grammatica*, paradigma IX); coniugazione *Qal*; imperf. coortativo; 1 pl. = affinché possiamo conoscere/sapere.

בְּשֶׁלְּמִי : particella composta dalla prep. בְּ + pron. relativo שֶׁ + prep. לְ (con *dageš* dopo שֶׁ) + pron. interr. per le persone "chi?"; l'espressione, che non ricorre altrove nella Bibbia ebraica, ha valore causale (cfr. l'espressione בְּשֶׁלִּי in 1,12) = a causa di chi.

הָרָעָה הַזֹּאת לָנוּ : sost. f. רָעָה "male, guaio" (cfr. 1,2) preceduto dall'articolo (הַ davanti a רָ) + pron. dimostr. f. s. זֹאת preceduto dall'articolo + prep. לְ con suff. 1 pl. (cfr. 1,6) = questo male a noi?

וַיַּפִּלוּ גּוֹרָלוֹת : radice נפל "cadere" (vedi sopra); coniugazione *Hifil*; imperf. inverso; 3 m. pl. (scritto *defective* per וַיַּפִּילוּ) + cfr. sopra = gettarono le sorti.

וַיִּפֹּל הַגּוֹרָל : radice נפל "cadere" (vedi sopra); coniugazione *Qal*; imperf. inverso; 3 m. s. + cfr. sopra = e cadde la sorte.

עַל־יוֹנָה: : prep. עַל "su, sopra" (cfr. 1,2) + nome proprio = su Giona.

1,8

וַיֹּאמְרוּ אֵלָיו : cfr. inizio del v. precedente + prep. אֶל "a, verso" con suff. 3 m. s. (cfr. 1,6) = dissero a lui.

הַגִּידָה־נָּא לָנוּ : radice נגד "dire" (*Grammatica*, paradigma VIII); coniugazione *Hifil*; imperat.; 2 m. s. (הַגֵּד) con ה paragogico (*Grammatica*, § 25) + particella deprecativa נָא "orsù, dunque" (נָּא con *dageš* eufonico; Joüon-Muraoka, § 18h e seguenti) + prep. לְ con suff. 1 pl. = dicci dunque.

בַּאֲשֶׁר לְמִי־ : prep. בְּ (בַּ a causa della vocale che segue) + pron. relativo אֲשֶׁר (cfr. 1,5) + prep. לְ + pron. interr. per le persone מִי "chi"; insieme formano una locuzione avverbiale di valore causale (cfr. la forma equivalente בְּשֶׁלְּמִי nel v. precedente) = a causa di chi.

הָרָעָה הַזֹּאת לָנוּ : cfr. v. precedente = questo male a noi?

מַה־מְּלַאכְתְּךָ : pron. interr. per le cose מָה (oppure מַה־ seguito da *dageš*; *Gram-*

matica, § 15; cfr. 1,6) "che cosa" (davanti a sost. "quale") + sost. f. מְלַאכָה "occupazione, lavoro" con suff. 2 m. s. = quale (è) la tua occupazione.

וּמֵאַיִן תָּבוֹא : cong. וֻ (וּ davanti a מ) + prep. מִן "da" (מֵ invece di מִ + *dageš*, a causa della gutturale א che segue) + avv. di luogo אַיִן "dove" + radice בוא "venire, entrare" (*Grammatica*, § 41; cfr. 1,3); coniugazione *Qal*; imperf.; 2 m. s. = e da dove vieni.

מָה אַרְצֶךָ : pron interr. per le cose מָה (vedi sopra) "che cosa" (davanti a sost. "quale") + sost. f. אֶרֶץ "terra, regione" con suff. 2 m. s. (צֶךָ- per צְךָ- a causa dell'accento biblico) = quale (è) la tua terra.

וְאֵי־מִזֶּה עַם : cong. וֻ + avv. interr. אֵי (אֵי) "dove" preposto ad altre particelle (prepos. מִן e pron. dimostr. m. זֶה) che rafforza "da quale" + sost. m. עַם "popolo" = e da quale popolo.

אָתָּה׃ : pron. personale 2 m. s. in forma pausale (per אַתָּה) = tu (sei)?

1,9

וַיֹּאמֶר אֲלֵיהֶם : radice אמר "parlare, dire"; coniugazione *Qal*; imperf. inverso; 3 m. s. + prep. אֶל "a, verso" con suff. 3 m. pl. (*Grammatica*, § 21f) = disse a loro.

עִבְרִי אָנֹכִי : agg. gent. m. s. "Ebreo" + pron. pers. 1 s. = Ebreo io (sono).

וְאֶת־יְהוָה : cong. וֻ + particella dell'accus. (cfr. 1,5) + nome di Dio = e YHWH.

אֱלֹהֵי הַשָּׁמַיִם : sost. m. pl. costr. di אֱלֹהַּ "Dio" (cfr. 1,6) + sost. m. *plurale tantum* שָׁמַיִם "cielo, cieli" preceduto dall'articolo = il Dio dei cieli.

אֲנִי יָרֵא : pron. pers. 1 s. + radice ירא "temere" (perf. stativo יָרֵא; cfr. 1,5); coniugazione *Qal*; part.; m. s. "temente" = io temo.

אֲשֶׁר־עָשָׂה : pron. relativo אֲשֶׁר (cfr. 1,5) + radice עשה "fare, lavorare" (*Grammatica*, paradigma XIII); coniugazione *Qal*; perf.; 3 m. s. = che ha fatto.

אֶת־הַיָּם : particella dell'accus. (vedi sopra) + sost. m. יָם "mare" preceduto dall'articolo (cfr. 1,4) = il mare.

וְאֶת־הַיַּבָּשָׁה׃ : cong. וֻ + particella dell'accus. (vedi sopra) + sost. f. יַבָּשָׁה "terra ferma" (radice יבש "essere secco, arido") preceduto dall'articolo = e la terra ferma.

1,10

וַיִּירְאוּ הָאֲנָשִׁים : radice ירא "temere" (cfr. v. precedente e 1,5); coniugazione *Qal*; imperf. inverso; 3 m. pl. + pl. del sost. m. אִישׁ "uomo" preceduto dall'articolo = temettero (que)gli uomini.

יִרְאָה גְדוֹלָה : sost. f. s. יִרְאָה "timore" (con il verbo precedente: "temere un timore"; cfr. 1,16) + agg. f. s. di גָּדוֹל "grande" (cfr. 1,2) = un timore grande.

וַיֹּאמְרוּ אֵלָיו : radice אמר "parlare, dire"; coniugazione *Qal*; imperf. inverso; 3 m. pl. (cfr. 1,7 e 1,6) + prep. אֶל "a" con suff. 3 m. s. (cfr. 1,6) = e gli dissero.

מַה־זֹּאת עָשִׂיתָ : pron. interr. per le cose מָה "che cosa" (cfr. 1,8) + pron. dimostr. f. s. זֹאת (con *dageš* dopo מַה־) + radice עשה "fare, lavorare" (cfr. 1,9); coniugazione *Qal*; perf.; 2 m. s. = che cosa (è) questo (che) hai fatto? (cioè: perché hai fatto questo?).

כִּי־יָדְעוּ הָאֲנָשִׁים : cong. כִּי con valore causale + radice ידע "sapere, conoscere" (cfr. 1,7); coniugazione *Qal*; perf.; 3 m. pl. + sost. m. אִישׁ "uomo, persona" al pl. preceduto da articolo (הָ davanti a א) = poiché sapevano (que)gli uomini.

כִּי־מִלִּפְנֵי יְהוָה : cong. כִּי con valore dichiarativo "che" + prep. composta (dalle preposizioni מִן "da", לְ "a" e dal sost. *plurale tantum* פָּנִים "viso, volto" in stato costr.) "da davanti a" (cfr. 1,3) + nome di Dio = che da davanti a YHWH.

הוּא בֹרֵחַ : pron. personale 3 m. s. + radice ברח "fuggire, scappare" (cfr. 1,3); coniugazione *Qal*; part.; m. s. = egli fuggiva.

כִּי הִגִּיד לָהֶם: : cong. כִּי con valore causale + radice נגד "dire, parlare" (cfr. 1,8); coniugazione *Hifil*; perf.; 3 m. s. + prep. לְ "a" con suff. 3 m. pl. (cfr. 1,6) = perché (l')aveva loro detto (oppure: perché aveva parlato con loro).

1,11

וַיֹּאמְרוּ אֵלָיו : cfr. v. precedente = gli dissero.

מַה־נַּעֲשֶׂה לָּךְ : pron. interr. מָה "che cosa" (cfr. 1,8) + radice עשה (cfr. 1,9); coniugazione *Qal*; imperf.; 1 pl. + prep. לְ con suff. 2 m. s. (forma pausale per לְךָ; il *dageš* nella לְ è eufonico; Joüon-Muraoka, § 18h e seguenti) = che cosa faremo/dovremo fare a te?

וְיִשְׁתֹּק : cong. וְ (con valore finale) + radice שתק "tacere"; coniugazione *Qal*; imperf.; 3 m. s. = affinché taccia.

הַיָּם מֵעָלֵינוּ : sost. m. יָם "mare" preceduto dall'articolo + prep. composta (da מִן "da" e עַל "su, sopra"; cfr. 1,5) con suff. 1 pl. = il mare da sopra di noi.

כִּי הַיָּם : cong. כִּי di valore causale o consecutivo + sost. m. יָם (vedi sopra) = poiché/visto che il mare.

הוֹלֵךְ וְסֹעֵר: : radice הלך "andare" (*Grammatica*, § 38); coniugazione Qal; part.; m. s. (questa forma rafforza l'idea espressa dal part. seguente: cfr., ad esempio, 1Sam 2,26: הֹלֵךְ וְגָדֵל "andava crescendo"; 1Sam 17,41: הֹלֵךְ וְקָרֵב "andava avvicinandosi"; 2Sam 3,1: הֹלֵךְ וְחָזֵק "andava rafforzandosi") + radice סער "rumoreggiare, essere in tempesta"; coniugazione Qal; part.; m. s. = va/andava agitandosi.

1,12

וַיֹּאמֶר אֲלֵיהֶם : cfr. v. precedente = (Giona) disse loro.

שָׂאוּנִי : radice נשׂא "prendere, sollevare" (*Grammatica*, paradigma VIII); coniugazione *Qal*; imperat.; 2 m. pl. (שְׂאוּ) con suff. 1 s. (la stessa forma compare in Gb 21,3) = prendetemi/sollevatemi.

וַהֲטִילֻנִי : cong. וְ (וַ a causa della vocale seguente) + radice טול/טיל "gettare, lanciare" (cfr. 1,4); coniugazione *Hifil*; imperat.; 2 m. pl. (הָטִילוּ) con suff. 1 s. = e gettatemi.

אֶל־הַיָּם : prep. אֶל + sost. m. יָם con articolo (cfr. 1,4) = nel mare.

וְיִשְׁתֹּק הַיָּם : cfr. v. precedente = affinché taccia il mare.

מֵעֲלֵיכֶם : prep. composta (da מִן "da" e עַל "su, sopra") con suff. 2 m. pl. (cfr. v. precedente) = da sopra di voi.

כִּי יוֹדֵעַ אָנִי : cong. כִּי di valore causale o consecutivo + radice ידע "conoscere, sapere" (cfr. 1,10); coniugazione Qal; part.; m. s. + pron. personale 1 s. (אָנִי per אֲנִי a causa dell'accento biblico) = poiché/visto che io so.

כִּי בְשֶׁלִּי : cong. כִּי con valore dichiarativo + particella composta dalla prep. בְּ + pron. relativo שֶׁ + prep. לְ (con *dageš* dopo שֶׁ) con suff. 1 s. "per causa mia" (cfr. 1,7); l'espressione, che non ricorre altrove nella Bibbia ebraica, ha valore causale = che per causa mia.

הַסַּעַר הַגָּדוֹל הַזֶּה : sost. m. סַעַר "tempesta" (cfr. 1,4) articolato + agg. גָּדוֹל "grande" articolato + pron. dimostr. m. s. articolato = questa grande tempesta.

עֲלֵיכֶם: : prep. עַל "su, sopra" con suff. 2 m. pl. = (è) sopra di voi.

1,13

וַיַּחְתְּרוּ הָאֲנָשִׁים : radice חתר "scavare, scendere in profondità"; coniugazione *Qal*; imperf. inverso; 3 m. pl. + pl. del sost. m. אִישׁ "uomo" preceduto dall'articolo (cfr. 1,10) = scavarono/immersero (i remi in profondità) (que)gli uomini.

לְהָשִׁיב : radice שׁוּב "ritornare" (*Grammatica*, paradigma X); coniugazione *Hifil* "far ritornare"; inf. costr. preceduto da לְ = per far ritornare (la nave).

אֶל־הַיַּבָּשָׁה : prep. אֶל "verso" + sost. f. יַבָּשָׁה "terraferma" (cfr. 1,9) preceduto dall'articolo = verso la terraferma.

וְלֹא יָכֹלוּ : cong. וְ con valore avversativo "ma" + avv. di negazione לֹא "no/non" + radice יכל "potere" (verbo stativo יָכֹל; cfr. *Grammatica*, § 28.7); coniugazione *Qal*; perf.; 3 m. pl. (יָכֹלוּ per יָכְלוּ a causa dell'accento biblico) = ma non poterono.

כִּי הַיָּם : cong. כִּי con valore causale "poiché" + sost. m. s. יָם "mare" (cfr. 1,11) = poiché il mare.

הוֹלֵךְ וְסֹעֵר : cfr. 1,11 = andava agitandosi.

עֲלֵיהֶם: : prep. עַל "su, sopra" con suff. 3 m. pl. = su di essi.

1,14

וַיִּקְרְאוּ אֶל־יְהוָה : radice קרא "chiamare, gridare" (cfr. 1,6); coniugazione *Qal*; imperf. inverso; 3 m. pl. + prep. אֶל "a, verso" + nome di Dio = chiamarono/gridarono a YHWH.

וַיֹּאמְרוּ : radice אמר "dire, parlare" (cfr. 1,6); coniugazione *Qal*; imperf. inverso; 3 m. pl. = e dissero.

אָנָּה יְהוָה : interiezione אָנָּה (variante di אָנָּא) "orsù, dunque" + nome di Dio = di grazia YHWH.

אַל־נָא נֹאבְדָה : negazione אַל (seguita da imperfetto coortativo e rafforzata dall'interiezione נָא) + radice אבד "perire" (*Grammatica*, paradigma VII); coniugazione *Qal*; imperf. coortativo; 1 pl. (forma ordinaria נֹאבַד* o נֹאבֵד; cfr. 1,6) = che non periamo.

בְּנֶפֶשׁ הָאִישׁ הַזֶּה : prep. בְּ qui con valore di cong. causale "a causa di" + sost. f. נֶפֶשׁ "anima, vita" + sost. m. אִישׁ "uomo" seguito dal pron. dimostr. m. זֶה "questo" (entrambi preceduti dall'articolo) = a causa della vita di questo uomo.

וְאַל־תִּתֵּן עָלֵינוּ : cong. וְ + negazione אַל (vedi sopra) + radice נתן "dare" (*Grammatica*, § 36); coniugazione *Qal*; imperf.; 2 m. s. + prep. עַל "su, sopra" con suff. 1 pl. = e non dare/attribuire sopra/a noi.

דָּם נָקִיא : sost. m. דָּם "sangue" + agg. m. s. נָקִיא (anche נָקִי) "puro, innocente" = sangue innocente.

כִּי־אַתָּה יְהוָה : cong. כִּי con valore causale "poiché" + pron. pers. 2 m. s. "tu" + nome di Dio (al vocativo) = poiché tu, o YHWH.

כַּאֲשֶׁר חָפַצְתָּ : particella composta da כְּ (כַּ a causa della vocale che segue) e אֲשֶׁר "come, quanto" + radice חפץ "desiderare, volere"; coniugazione *Qal*; perf.; 2 m. s. = come hai voluto.

עָשִׂיתָ: radice עשה "fare, lavorare" (cfr. 1,9); coniugazione *Qal*; perf.; 2 m. s. = (così) hai fatto.

1,15

וַיִּשְׂאוּ אֶת־יוֹנָה : radice נשא "sollevare, prendere" (*Grammatica*, paradigma VIII); coniugazione *Qal*; imperf. inverso; 3 m. pl. (questa forma è sempre senza *dageš* nella שׂ) + particella dell'accusativo (cfr. 1,5) + nome proprio = sollevarono/presero Giona.

וַיְטִלֻהוּ : radice טול/טיל "gettare, lanciare" (cfr. 1,12); coniugazione *Hifil*; imperf. inverso; 3 m. pl. (וַיָּטִלוּ; cfr. v. 5) con suff. 3 m. s. = e lo gettarono.

אֶל־הַיָּם : prep. אֶל "a, verso" + sost. m. יָם "mare" articolato (cfr. v. 11) = nel mare.

וַיַּעֲמֹד הַיָּם : radice עמד "stare fermo, in piedi" (*Grammatica*, paradigma V); coniugazione *Qal*; imperf. inverso; 3 m. s. + vedi sopra = e stette fermo/si arrestò il mare.

מִזַּעְפּוֹ: prep. מִן "da" + sost. m. זַעַף "rabbia, ira" con suff. 3 m. s. = dalla sua furia.

1,16

וַיִּירְאוּ הָאֲנָשִׁים : cfr. v. 10 = temettero (que)gli uomini.

יִרְאָה גְדוֹלָה : cfr. v. 10 = un timore grande. In questo v. ci sono altri due casi di oggetti interni (sostantivi tratti dalla medesima radice del verbo: זָבַח + זֶבַח "sacrificare un sacrificio" e נָדַר + נֶדֶר "votare un voto"). L'ebraico, a differenza dell'italiano, ama questa costruzione. Cfr. anche 3,2 (קָרָא + קְרִיאָה) e 4,6 (שָׂמַח + שִׂמְחָה).

אֶת־יְהוָה : particella dell'accus. אֵת (אֶת־; cfr. 1,5) + nome di Dio (qui il verbo יָרֵא regge due oggetti diretti) = YHWH (cioè: temettero YHWH con timore grande).

וַיִּזְבְּחוּ־זֶבַח : radice זבח "sacrificare"; coniugazione Qal; imperf. inverso; 3 m. pl. + sost. m. זֶבַח "sacrificio" = e sacrificarono/offrirono un sacrificio.

לַיהוָה : prep. לְ (qui לַ da לַאֲדֹנָי; cfr. 1,4) + nome di Dio = a YHWH.

וַיִּדְּרוּ נְדָרִים: : radice נדר "fare voto" (Grammatica, paradigma VIII); coniugazione Qal; imperf. inverso; 3 m. pl. + sost. m. pl. di נֶדֶר "voto" = e votarono/emisero voti.

Capitolo II

2,1

וַיְמַן יְהוָה : radice מנה "contare, numerare"; coniugazione Piel ("preparare, incaricare, provvedere"); imperf. inverso; 3 m. s. (forma apocopata; Grammatica, § 45) + nome di Dio = YHWH incaricò/provvide.

דָּג גָּדוֹל : sost. m. דָּג "pesce" + agg. m. s. = un grosso pesce.

לִבְלֹעַ : prep. לְ (לִ davanti a šəwā) + radice בלע "ingoiare, inghiottire" (Grammatica, paradigma VI); coniugazione Qal; inf. costr. = per inghiottire.

אֶת־יוֹנָה : cfr. 1,15 = Giona.

וַיְהִי יוֹנָה : cfr. 1,1 + nome proprio = e fu/restò Giona.

בִּמְעֵי הַדָּג : prep. בְּ + sost. m. duale מֵעַיִם (o pl. מֵעִים) "intestino, parte interna del corpo" in stato costr. + sost. m. דָּג "pesce" (vedi sopra) preceduto dall'articolo = nell'intestino/all'interno del pesce.

שְׁלֹשָׁה יָמִים : agg. numerale m. שְׁלֹשָׁה "tre" + sost. m. יוֹם "giorno" al pl. = tre giorni.

וּשְׁלֹשָׁה לֵילוֹת: : cong. וְ (וּ davanti a šəwā) + vedi sopra + sost. m. לַיְלָה "notte" al pl. = e tre notti.

2,2

וַיִּתְפַּלֵּל יוֹנָה : radice פלל "pregare"; coniugazione *Hitpael*; imperf. inverso; 3 m. s. + nome proprio = pregò Giona.

אֶל־יְהוָה : prep. אֶל "a, verso" + nome di Dio = (rivolto) a YHWH.

אֱלֹהָיו : pl. del sost. m. אֱלֹהַּ "dio, divinità" (cfr. 1,6) con suff. 3 m. s. = suo Dio.

מִמְּעֵי הַדָּגָה: : prep. מִן "da" + cfr. 2,1 + sost. f. דָּגָה "pesce, insieme dei pesci" (cfr. 2,1) preceduto dall'articolo = dall'intestino/dall'interno del pesce.

2,3

וַיֹּאמֶר : radice אמר "parlare, dire" (cfr. 1,6); coniugazione *Qal*; imperf. inverso; 3 m. s. = e disse.

קָרָאתִי : radice קרא "chiamare, gridare" (cfr. 1,2); coniugazione *Qal*; perf.; 1 s. = ho chiamato/gridato.

מִצָּרָה לִי : prep. מִן "da" + sost. f. צָרָה "afflizione" + prep. לְ "a" con suff. 1 s. = da un'afflizione a me (cioè: nella mia afflizione).

אֶל־יְהוָה : prep. אֶל + nome di Dio = a/verso YHWH.

וַיַּעֲנֵנִי : radice ענה "rispondere" (*Grammatica*, paradigmi V e XIII); coniugazione *Qal*; imperf. inverso; 3 m. s. (וַיַּעֲנֶה) con suff. 1 s. (qui il verbo è transitivo) = e mi ha risposto.

מִבֶּטֶן שְׁאוֹל : prep. מִן "da" + sost. f. בֶּטֶן "pancia, luogo interno" in stato costr. + sost. m. e f. שְׁאוֹל "Sheol, regno dei morti" = dall'interno dello Sheol/regno dei morti.

שִׁוַּעְתִּי : radice שוע "gridare, implorare"; coniugazione *Piel*; perf.; 1 s. = ho gridato/implorato.

שָׁמַעְתָּ : radice שמע "ascoltare"; coniugazione *Qal*; perf.; 2 m. s. = (tu) hai ascoltato.

קוֹלִי: : sost. m. קוֹל "voce" con suff. 1 s. = la mia voce.

2,4

וַתַּשְׁלִיכֵנִי : radice שלך "gettare, lanciare"; coniugazione *Hifil*; imperf. inverso; 2 m. s. con suff. 1 s. = mi hai gettato.

מְצוּלָה֙ : sost. f. מְצוּלָה "profondità" in senso avverbiale, oppure retto dalla prep. בְּ che segue = (in) profondità.

בִּלְבַב יַמִּים : prep. בְּ (בִ davanti a *šəwā*) + sost. m. לֵבָב "cuore" in stato costr. + pl. del sost. m. יָם "mare" = nel cuore dei mari (cioè: in mare aperto).

וְנָהָר יְסֹבְבֵנִי : cong. וְ + sost. m. נָהָר "fiume" + radice סבב "circondare, avvolgere"; coniugazione *Polel* (paradigma XI); imperf.; 3 m. s. (יְסוֹבֵב) con suff. 1 s. = e un fiume mi ha circondato/avvolto.

כָּל־מִשְׁבָּרֶיךָ : sost. כֹּל "totalità" usato come pronome indefinito "tutto, ogni" + sost. m. מִשְׁבָּר "flutto" al pl. con suff. 2 m. s. = tutti i tuoi flutti.

וְגַלֶּיךָ : cong. וְ + sost. m. גַּל "onda" al pl. con suff. 2 m. s. = e le tue onde.

עָלַי עָבָרוּ׃ : prep. עַל "su, sopra" con suff. 1 s. + radice עבר "passare"; coniugazione *Qal*; perf.; 3 pl. (forma pausale per עָבְרוּ) = su di me sono passati.

2,5

וַאֲנִי אָמַרְתִּי : cong. וְ (וַ a causa della vocale che segue) + pron. personale 1 s. אֲנִי "io" + radice אמר "parlare, dire"; coniugazione *Qal*; perf.; 1 s. = allora io ho detto.

נִגְרַשְׁתִּי : radice גרש "allontanare, scacciare"; coniugazione *Nifal*; perf.; 1 s. = sono stato allontanato.

מִנֶּגֶד עֵינֶיךָ : prep. מִן "da" + cong. נֶגֶד "di fronte, contro" + sost. f. עַיִן "occhio" al duale con suff. 2 m. s. = da davanti ai tuoi occhi.

אַךְ אוֹסִיף : particella אַךְ "certamente, tuttavia" + radice יסף "continuare, aggiungere" (*Grammatica*, paradigma IX); coniugazione *Hifil*; imperf.; 1 s. = ma continuerò.

לְהַבִּיט : prep. לְ + radice נבט "guardare, contemplare" (*Grammatica*, paradigma VIII); coniugazione *Hifil* (quasi sempre); inf. costr. = a guardare.

אֶל־הֵיכַל קָדְשֶׁךָ׃ : prep. אֶל + sost. m. הֵיכָל "tempio" in stato costr. + sost. m. קֹדֶשׁ "santità" con suff. 2 m. s. (forma pausale per קָדְשְׁךָ) = verso il tempio della tua santità (cioè: verso il tuo tempio santo).

2,6

אֲפָפוּנִי מַיִם : radice אפף "circondare, avvolgere"; coniugazione *Qal*; perf.;

3 pl. (אֲפָפוּ; cfr. Sl 40,13) con suff. 1 s. + sost. m. *plurale tantum* מַיִם "acqua, acque" = mi hanno circondato (le) acque.

עַד־נֶפֶשׁ : particella עַד "fino a" + sost. f. נֶפֶשׁ "anima, vita, gola" (cfr. 1,14) = fino all'anima/alla gola.

תְּהוֹם יְסֹבְבֵנִי : sost. m. (talvolta f.) תְּהוֹם "abisso, acque dell'abisso" (quasi sempre senza articolo) + cfr. 2,4 = un/l'abisso mi ha circondato/avvolto.

סוּף חָבוּשׁ : sost. m. סוּף "canna, pianta acquatica" + radice חבשׁ "legare attorno, avvinghiare"; coniugazione *Qal*; part. pass.; m. s. = una canna (è) avvinghiata.

לְרֹאשִׁי׃ : prep. לְ "a" + sost. m. רֹאשׁ "testa, capo" con suff. 1 s. = alla mia testa.

2,7

לְקִצְבֵי הָרִים : prep. לְ "a" + sost. m. קֶצֶב "estremità" al pl. costr. + sost. m. הַר "mònte" al pl. = alle estremità dei monti.

יָרַדְתִּי : radice ירד "scendere" (cfr. 1,3); coniugazione *Qal*; perf.; 1 s. = sono sceso.

הָאָרֶץ בְּרִחֶיהָ : sost. f. אֶרֶץ (con articolo הָאָרֶץ) "terra" (talvolta "inferi") + sost. m. בְּרִיחַ "sbarra, catenaccio" al pl. con suff. 3 f. s. = la terra, le sue sbarre.

בַעֲדִי לְעוֹלָם : particella בַּעַד (o בְּעַד) "per" (sia "a favore" che "contro") o "dietro" + prep. לְ "a" + sost. m. עוֹלָם "eternità" = (sono) contro di me per l'eternità.

וַתַּעַל : radice עלה "salire"; coniugazione *Hifil* "far salire" (la forma è identica al *Qal*; cfr. *Grammatica* § 46); imperf. inverso; 2 m. s. = (ma tu) hai fatto risalire.

מִשַּׁחַת חַיַּי : prep. מִן "da" + sost. f. שַׁחַת "fossa, sepolcro" + sost. m. *plurale tantum* חַיִּים "vita" con suff. 1 s. = dalla fossa la mia vita.

יְהוָה אֱלֹהָי׃ : nome di Dio (da intendersi al vocativo) + sost. m. אֱלֹהַּ "Dio" (cfr. 1,5) con suff. 1 s. (הָי- per הַי- in pausa) = o YHWH mio Dio.

2,8

בְּהִתְעַטֵּף : prep. בְּ + radice עטף "venire meno, languire"; coniugazione *Hitpael*; inf. costr. = nel venire meno/languire.

עָלַי נַפְשִׁי : prep. עַל "su, sopra" con suff. 1 s. + sost. f. נֶפֶשׁ "anima, vita" (cfr. 1,14) con suff. 1 s. = su di me la mia vita/anima (cioè: mentre veniva meno in me la mia vita).

אֶת־יְהוָה זָכָרְתִּי : particella dell'accus. (cfr. 1,5) + nome di Dio + radice זכר "ricordare"; coniugazione *Qal*; perf.; 1 s. (ָ per ַ a causa dell'accento biblico) = ho ricordato YHWH.

וַתָּבוֹא אֵלֶיךָ : radice בוא "entrare, venire" (cfr. 1,3); coniugazione *Qal*; imperf. inverso; 3 f. s. + prep. אֶל "a" con suff. 2 m. s. = ed è giunta a te.

תְּפִלָּתִי : sost. f. תְּפִלָּה "preghiera" con suff. 1 s. = la mia preghiera.

אֶל־הֵיכַל קָדְשֶׁךָ: : prep. אֶל "a, verso" + cfr. 2,5 = verso il tempio della tua santità (cioè: verso il tuo tempio santo).

2,9

מְשַׁמְּרִים : radice שמר "custodire, osservare"; coniugazione *Piel*; part. att.; m. pl. = coloro che osservano/custodiscono.

הַבְלֵי־שָׁוְא : sost. m. הֶבֶל "nullità, vuoto" al pl. costr. + sost. m. שָׁוְא "nullità, vuoto" = vanità di nullità (riferito agli idoli vani).

חַסְדָּם : sost. m. חֶסֶד "misericordia" con suff. 3 m. pl. = la loro misericordia.

יַעֲזֹבוּ: : radice עזב "lasciare, abbandonare" (*Grammatica*, paradigma V); coniugazione *Qal*; imperf.; 3 m. pl. (forma pausale per יַעַזְבוּ) = hanno abbandonato (oppure: abbandoneranno; o anche: abbandonino).

2,10

וַאֲנִי : cong. וְ (וַ a causa della vocale che segue) con valore avversativo + pron. pers. 1 s. (cfr. 2,5) = ma io.

בְּקוֹל תּוֹדָה : prep. בְּ (qui esprime il mezzo) + sost. m. קוֹל "voce" in stato costr. + sost. f. תּוֹדָה "ringraziamento, lode" = con voce di lode.

אֶזְבְּחָה־לָּךְ : radice זבח "sacrificare"; coniugazione *Qal*; imperf. coortativo; 1 s. + prep. לְ "a" con suff. 2 m. s. (לָּךְ è forma pausale [per לְךָ] e con *dageš* eufonico; Joüon-Muraoka, § 18h e seguenti) = voglio sacrificare a te.

אֲשֶׁר נָדַרְתִּי : pron. relativo אֲשֶׁר + radice נדר "fare voto" (cfr. 1,16); coniugazione *Qal*; perf.; 1 s. = (ciò) che ho promesso in voto.

אֲשַׁלֵּמָה : radice שׁלם; coniugazione *Piel* "portare a compimento, mantenere"; imperf. coortativo; 1 s. (forma pausale per אֲשַׁלְּמָה) = voglio portare a compimento.

יְשׁוּעָתָה : sost. f. יְשׁוּעָתָה "salvezza" (variante poetica del sinonimo יְשׁוּעָה) = la salvezza.

לַיהוָה: : prep. לְ "a" (per לְ cfr. 1,16) + nome di Dio = (appartiene) a YHWH.

2,11

וַיֹּאמֶר יְהוָה : radice אמר "dire, parlare, ordinare" (cfr. 1,6) + nome di Dio = YHWH parlò/ordinò.

לַדָּג : prep. לְ "a" + articolo + sost. m. דָּג "pesce" (cfr. 2,1) = al pesce.

וַיָּקֵא : radice קיא "far uscire, vomitare"; coniugazione *Hifil*; imperf. inverso; 3 m. s. (forma ordinaria dell'imperf. יָקִיא*) = e vomitò.

אֶת־יוֹנָה : particella dell'accus. אֵת (אֶת־) + nome proprio = Giona.

אֶל־הַיַּבָּשָׁה: : prep. אֶל "verso" + sost. f. יַבָּשָׁה (cfr. 1,9) = sulla terraferma.

Capitolo III

3,1

וַיְהִי : cfr. 1,1 = E fù.

דְּבַר־יְהוָה : cfr. 1,1 = la parola di YHWH.

אֶל־יוֹנָה : cfr. 1,1 = a Giona.

שֵׁנִית : agg. num. ordinale שֵׁנִי "secondo" al f. usato in senso di avv. = una seconda volta.

לֵאמֹר: : prep. לְ (לְאׁ- > לֵא-) + inf. costr. *Qal* da אָמַר "parlare, dire" (אֱמֹר) equivalente al gerundio o ai due punti che introducono il discorso diretto; cfr. 1,1 e 3,7 = dicendo (oppure = :).

3,2

קוּם : cfr. 1,2 = levati.

לֵךְ : cfr. 1,2 = va'.

אֶל־נִינְוֵה : cfr. 1,2 = a Ninive.

הָעִיר הַגְּדוֹלָה : cfr. 1,2 = la città grande.

וּקְרָא אֵלֶיהָ : cfr. 1,2 (si noti la doppia vocalizzazione della ו in וּקְרָא; la vocalizzazione corretta è וּקְרָא come in 1,2) + prep. אֶל (in 1,2 compare עַל) con suff. 3 f. s. = e proclama verso di essa/al suo riguardo.

אֶת־הַקְּרִיאָה : particella dell'accus. + sost. f. קְרִיאָה "proclamazione" preceduto dall'articolo (si noti l'accus. dell'oggetto interno; cfr. 1,16) = la proclamazione.

אֲשֶׁר אָנֹכִי : pron. relativo + pron. personale 1 s. = che io.

דֹּבֵר אֵלֶיךָ: : radice דבר "parlare, dire"; coniugazione Qal; part. att.; m. s. + prep. אֶל con suff. 2 m. s. = dico/dicevo a te.

3,3

וַיָּקָם יוֹנָה : (wayyāqom) cfr. 1,3 = si levò Giona.

וַיֵּלֶךְ אֶל־נִינְוֵה : radice הלך "andare" (Grammatica, § 38); coniugazione Qal; imperf. inverso; 3 m. s. + prep. אֶל + nome proprio di città = e andò a Ninive.

כִּדְבַר יְהֹוָה : particella comparativa כְּ (כִּ a causa dello šəwā che segue) "come, secondo" + sost. m. דְּבָר "parola, cosa" in stato costr. + nome di Dio = secondo la parola di YHWH.

וְנִינְוֵה הָיְתָה : cong. וְ + nome proprio di città + radice היה "essere" (Grammatica, § 27); coniugazione Qal; perf.; 3 f. s. = ora Ninive era.

עִיר־גְּדוֹלָה : sost. f. עִיר "città" + agg. f. s. di גָּדוֹל "grande" (al v. precedente compaiono le due parole con l'articolo) = una città grande.

לֵאלֹהִים : לְ + אֱ = לֵא) לְ) + sost. m. אֱלֹהַ (cfr. 1,5) = per Dio (l'uso del nome divino potrebbe indicare il superlativo: una città grandissima).

מַהֲלַךְ : sost. m. מַהֲלָךְ "cammino, viaggio" in stato costr. = cammino di.

שְׁלֹשֶׁת יָמִים: : agg. numerale m. שְׁלֹשָׁה "tre" in stato costr. + sost. m. יוֹם "giorno" al pl. = tre giorni.

3,4

וַיָּחֶל יוֹנָה : radice חלל "cominciare, iniziare" (attestata in Hifil e Hofal; Gram-

matica, paradigma XI); coniugazione *Hifil*; imperf. inverso; 3 m. s. (la forma ordinaria è יָחֵל) + nome proprio = Giona cominciò.

לָבוֹא בָעִיר : prep. לְ (לָ prima dell'accento) + inf. costr. *Qal* da בּוֹא "entrare, venire" + prep. בְּ + articolo (בָ a causa della עֹ che segue) + sost. f. עִיר "città" = a entrare nella città.

מַהֲלַךְ : cfr. 3,3 = cammino di.

יוֹם אֶחָד : sost. m. יוֹם "giorno" (cfr. 3,3) + agg. num. m. אֶחָד "uno" = un giorno.

וַיִּקְרָא : radice קרא "chiamare, proclamare" (cfr. 1,2); coniugazione *Qal*; imperf. inverso; 3 m. s. = e proclamò/chiamò.

וַיֹּאמַר : radice אמר "parlare, dire"; coniugazione *Qal*; imperf. inverso; 3 m. s. (forma pausale per וַיֹּאמֶר; cfr. anche 4,2) = e disse.

עוֹד אַרְבָּעִים יוֹם : avv. עוֹד "ancora" + agg. num. אַרְבָּעִים "quaranta" + sost. m. יוֹם (vedi sopra; si noti la forma s. del sostantivo; cfr. *Grammatica*, § 47d) = ancora quaranta giorni.

וְנִינְוֵה נֶהְפָּכֶת: : cong. וְ + nome proprio di città + radice הפך "rivoltare, capovolgere"; coniugazione *Nifal*; part.; f. s. (forma pausale per נֶהְפֶּכֶת) = e Ninive sarà sconvolta.

3,5

וַיַּאֲמִינוּ : radice אמן "credere"; imperf. inverso *Hifil* 3 m. pl. = credettero.

אַנְשֵׁי נִינְוֵה : sost. m. אִישׁ "uomo, persona" al pl. (אֲנָשִׁים) costr. + nome proprio di città = gli uomini/abitanti di Ninive.

בֵּאלֹהִים : prep. בְּ (בֵּ + אֱ = בֵּא) + sost. m. אֱלֹהַּ (cfr. 3,3) = in Dio.

וַיִּקְרְאוּ־צוֹם : imperf. inverso *Qal* 3 m. pl. da קָרָא "chiamare, proclamare" (cfr. 1,2) + sost. m. צוֹם "digiuno" (l'espressione significa "proclamare/bandire un digiuno") = proclamarono un digiuno.

וַיִּלְבְּשׁוּ : imperf. inverso *Qal* 3 m. pl. da לָבַשׁ "indossare, vestire" = e indossarono.

שַׂקִּים : sost. m. שַׂק "sacco, tessuto vile" al pl. = sacchi.

מִגְּדוֹלָם : prep. מִן "da" (correlato al עַד "fino" che segue) + agg. m. גָּדוֹל "grande" con suff. 3 m. pl. = dal loro (più) grande.

וְעַד־קְטַנָּם: : cong. וְ + particella עַד "fino" (correlata al מִן che precede) + agg. m. קָטָן "piccolo" con suff. 3 m. pl. = fino al loro (più) piccolo.

3,6

וַיִּגַּע הַדָּבָר : imperf. inverso *Qal* 3 m. s. da נָגַע "toccare, arrivare" (*Grammatica*, paradigma VIII) + sost. m. דָּבָר "cosa, parola" preceduto dall'articolo = giunse la cosa/parola.

אֶל־מֶלֶךְ נִינְוֶה : prep. אֶל "a" + sost. m. s. מֶלֶךְ "re" in stato costr. + nome proprio di città = al re di Ninive.

וַיָּקָם : (*wayyāqom*) cfr. 1,3 = si levò/alzò.

מִכִּסְאוֹ : prep. מִן "da" + sost. m. כִּסֵּא "seggio, trono" con suff. 3 m. s. = dal suo trono.

וַיַּעֲבֵר : imperf. inverso *Hifil* 3 m. s. da עָבַר "passare" (*Hifil* = "far passare, deporre"); si noti la forma dello iussivo וַיַּעֲבֵר per וַיַּעֲבִיר (non attestata) = (e) depose.

אַדַּרְתּוֹ מֵעָלָיו : sost. f. אַדֶּרֶת "mantello" con suff. 3 m. s. + particella composta dalle preposizioni מִן "da" e עַל "sopra" (cfr. 1,5) con suff. 3 m. s. = il suo mantello da sopra sé.

וַיְכַס : imperf. inverso *Piel* 3 m. s. da כָּסָה "coprire, vestire" (forma apocopata per וַיְכַסֶּה*; *Grammatica*, § 45) = e si coprì.

שָׂק : cfr. 3,5 = di sacco.

וַיֵּשֶׁב : imperf. inverso Qal 3 m. s. di יָשַׁב "sedere" (è attestato anche וַיֵּשֶׁב in Rut 4,1; *Grammatica*, paradigma IX) = e sedette.

עַל־הָאֵפֶר: : prep. עַל "su, sopra" + articolo (הָ davanti a א) + sost. m. אֵפֶר "cenere" = sulla cenere.

3,7

וַיַּזְעֵק : imperf. inverso *Hifil* 3 m. s. da זעק "gridare, proclamare"; si noti la forma dello iussivo וַיַּזְעֵק per וַיַּזְעִיק (non attestata) = fece proclamare (a gran voce).

וַיֹּאמֶר בְּנִינְוֶה : imperf. inverso *Qal* 3 m. s. da אָמַר "parlare, dire, ordinare" + prep. בְּ + nome proprio di città = e parlò/ordinò in Ninive.

מִטַּעַם הַמֶּלֶךְ וּגְדֹלָיו : prep. מִן + sost. m. טַעַם "gusto, sapore" in stato costr. (l'espressione significa "per ordine/decreto di") + sost. m. מֶלֶךְ "re" preceduto dall'articolo + cong. וְ (וּ prima di *šəwā*) + agg. sost. גָּדוֹל "grande" al pl. con suff. 3 m. s. = per ordine del re e dei suoi grandi.

לֵאמֹר : prep. לְ (-לְ > לֵא > לֵא) + inf. costr. *Qal* da אָמַר "parlare, dire" (אָמַר) equivalente al gerundio o ai due punti che introducono il discorso diretto; cfr. 1,1 e 3,1 = dicendo (oppure = :).

הָאָדָם וְהַבְּהֵמָה : sost. m. אָדָם "uomo, persona" in senso collettivo preceduto dall'articolo (הָ davanti a א) + cong. וְ + articolo + sost. f. בְּהֵמָה "bestia" (in senso collettivo) = gli uomini e il bestiame.

הַבָּקָר וְהַצֹּאן : sost. m. בָּקָר "bestiame grosso" articolato + sost. m. צֹאן "bestiame minuto" preceduto da articolo e cong. וְ = il bestiame grosso e il bestiame minuto.

אַל־יִטְעֲמוּ : particella negativa אַל (usata di solito per negare l'imperat.) + imperf. *Qal* 3 m. pl. da טָעַם "gustare, assaporare" con valore iussivo = non gustino.

מְאוּמָה : sost. m. מְאוּמָה "qualcosa" = alcuna cosa.

אַל־יִרְעוּ : אַל (vedi sopra) + imperf. *Qal* 3 m. pl. da רָעָה "pascolare" con valore iussivo = non pascolino.

וּמַיִם : cong. וְ (וּ davanti a מ) + sost. m. *plurale tantum* מַיִם = e acqua.

אַל־יִשְׁתּוּ: : אַל (vedi sopra) + imperf. *Qal* 3 m. pl. da שָׁתָה "bere" con valore iussivo = non bevano.

3,8

וְיִתְכַּסּוּ שַׂקִּים : cong. וְ + imperf. *Hitpael* 3 m. pl. di כָּסָה (cfr. 3,6) che continua il valore modale dei verbi precedenti + cfr. 3,5 = si coprano di sacchi/panni vili.

הָאָדָם וְהַבְּהֵמָה : cfr. v. precedente = gli uomini e il bestiame.

וְיִקְרְאוּ אֶל־אֱלֹהִים : cong. וְ + imperf. *Qal* 3 m. pl. dalla radice קרא (cfr. 3,5) con valore iussivo + prep. אֶל + cfr. 1,5 = e chiamino/invochino Dio.

בְּחָזְקָה : prep. בְּ con valore di modo/mezzo "con" + sost. f. חָזְקָה (*hozqā*) "forza" = con forza.

וְיָשֻׁבוּ : cong. וְ + imperfetto *Qal* 3 m. pl. di שׁוּב "ritornare" con valore iussivo = e ritornino/si convertano.

אִישׁ : sost. m. אִישׁ "uomo, persona" usato come pron. indefinito = ognuno.

מִדַּרְכּוֹ הָרָעָה : prep. מִן "da" + sost. f. דֶּרֶךְ "strada, via, cammino" con suff. 3 m. s. + agg. רַע "cattivo" al f. preceduto da articolo (הָ davanti a רָ) = dalla sua strada cattiva.

וּמִן־הֶחָמָס : cong. וְ (וּ davanti a מ) + prep. מִן + sost. m. חָמָס "violenza" preceduto dall'articolo (הֶ davanti a חָ) = e dalla violenza.

אֲשֶׁר בְּכַפֵּיהֶם: : pron. relativo אֲשֶׁר + prep. בְּ + sost. f. כַּף "palmo della mano" al duale (כַּפַּיִם) con suff. 3 m. pl. = che (è) nelle loro mani.

3,9

מִי־יוֹדֵעַ : pron. interr. per le persone מִי "chi?" + part. att. Qal m. s. di יָדַע "sapere, conoscere" (espressione idiomatica che significa "forse"; lett. "chi sa?") = forse.

יָשׁוּב וְנִחַם : imperf. Qal 3 m. s. di שׁוּב (cfr. 3,8) + perf. inverso Nifal 3 m. s. dalla radice נחם (non attestata al Qal) = ritornerà e avrà compassione.

הָאֱלֹהִים : sost. m. אֱלֹהַּ (cfr. 1,6) al pl. preceduto dall'articolo (הָ davanti a א) = Dio.

וְשָׁב : perf. inverso Qal 3 m. s. di שׁוּב (vedi sopra) = e ritornerà.

מֵחֲרוֹן אַפּוֹ : prep. מִן + sost. m. חָרוֹן "ardore" in stato costr. + sost. m. אַף "naso" con suff. 3 m. s. (l'espressione idiomatica significa "ira") = dalla sua ira.

וְלֹא נֹאבֵד: : cong. וְ + avv. di negazione לֹא + imperf. Qal 1 pl. di אָבַד "perire" (forma pausale per נֹאבַד; cfr. 1,6) = e non periremo.

3,10

וַיַּרְא הָאֱלֹהִים : imperf. inverso Qal 3 m. s. di רָאָה "vedere" (forma apocopata per וַיִּרְאֶה; Grammatica, § 45) + cfr. 3,9 = vide Dio.

אֶת־מַעֲשֵׂיהֶם : particella dell'accus. אֵת־ + sost. m. מַעֲשֶׂה "atto, azione" al pl. (מַעֲשִׂים) con suff. 3 m. pl. = le loro opere.

כִּי־שָׁבוּ : particella כִּי con valore dichiarativo "che" + perf. Qal 3 m. pl. di שׁוּב (cfr. 3,8) = che si erano convertiti.

מִדַּרְכָּם הָרָעָה : cfr. 3,8; דַּרְכָּם da דֶּרֶךְ con suff. 3 m. pl. = dalla loro strada cattiva.

וַיִּנָּחֶם הָאֱלֹהִים : imperf. inverso *Nifal* 3 m. s. dalla radice נחם (cfr. 3,9; וַיִּנָּחֵם per וַיִּנָּחֶם a causa dell'accento biblico) + cfr. 3,9 = ebbe compassione Dio.

עַל־הָרָעָה : prep. עַל + sost. f. רָעָה "male" (cfr. 1,2 e 1,7) = circa il male.

אֲשֶׁר־דִּבֶּר : pron. relativo אֲשֶׁר + perf. *Piel* 3 m. s. di דָּבַר "parlare, dire" (דִּבֶּר è la forma ordinaria, דִּבֶּר la forma pausale) = che aveva detto.

לַעֲשׂוֹת־לָהֶם : prep. לְ + inf. costr. *Qal* di עָשָׂה "fare" (vedi sotto) + prep. לְ con suff. 3 m. pl. = di fare a loro.

וְלֹא עָשָׂה: : cong. וְ + avv. di negazione לֹא + perf. *Qal* 3 m. s. di עָשָׂה "fare" = e non (lo) fece.

Capitolo IV

4,1

וַיֵּרַע : imperf. inverso *Qal* 3 m. s. di רַע "essere male, dispiacere" (radice רעע; per וַיֵּרַע*) = dispiacque/fu male.

אֶל־יוֹנָה : prep. אֶל + nome proprio di persona = a Giona.

רָעָה גְדוֹלָה : sost. f. רָעָה (cfr. 1,2 e 1,7) + agg. גָּדוֹל "grande" al f. s. = un male/dispiacere grande (cioè: dispiacque molto a Giona).

וַיִּחַר לוֹ: : imperf. inverso *Qal* 3 m. s. da חָרָה "ardere, adirarsi" (forma apocopata per יֶחֱרָה; *Grammatica*, § 45) + prep. לְ con suff. 3 m. s. (l'espressione significa "adirarsi") = e si adirò.

4,2

וַיִּתְפַּלֵּל : imperf. inverso *Hitpael* 3 m. s. dalla radice פלל "pregare" (attestata in *Piel* e *Hitpael*; cfr. 2,2) = pregò (Giona).

אֶל־יְהוָה : prep. אֶל (retta dal verbo) + nome di Dio = (rivolto a) Dio.

וַיֹּאמַר : imperf. inverso Qal 3 m. s. da אָמַר "parlare, dire" (forma pausale per וַיֹּאמֶר come in 3,4) = e disse.

אָנָּה יְהוָה : interiezione אָנָּה "orsù, dunque" (cfr. 1,14) + nome di Dio = dunque, o YHWH.

הֲלוֹא־זֶה : particella interr. הֲ "forse che" + avv. di negazione לוֹא "non" (*plene scriptum*) + pron. dimostr. m. s. זֶה "questo" (riferito a דְּבָרִי "la mia parola" seguente) = forse che non (è/era) questa.

דְּבָרִי : sost. m. דָּבָר "parola, cosa" con suff. 1 s. = la mia parola.

עַד־הֱיוֹתִי : particella עַד di valore temporale "fino a, mentre" + inf. costr. *Qal* di הָיָה "essere, stare" (הֱיוֹת) con suff. 1 s. = fino al mio essere/stare (cioè: mentre io mi trovavo).

עַל־אַדְמָתִי : prep. עַל + sost. f. אֲדָמָה "terra" con suff. 1 s. = nella/sulla mia terra.

עַל־כֵּן : prep. עַל + avv. כֵּן = per questo/perciò.

קִדַּמְתִּי : perf. *Piel* 1 s. dalla radice קדם "precedere, preoccuparsi" (attestata in *Piel* e *Hifil*; cfr. Scerbo *ad vocem*) = mi sono preoccupato/ho cercato.

לִבְרֹחַ : prep. לְ (לִ davanti a *šəwā*) + inf. costr. *Qal* di בָּרַח "fuggire" (cfr. 1,3) = di fuggire (cioè: mi sono affrettato a fuggire).

תַּרְשִׁישָׁה : cfr. 1,3 = a/in direzione di Tarsis.

כִּי יָדַעְתִּי : particella כִּי con valore causale "poiché" + perf. *Qal* 1 s. di יָדַע "sapere, conoscere" = poiché io so/sapevo.

כִּי אַתָּה : particella כִּי con valore dichiarativo "che" + pron. pers. 2 m. s. = che tu.

אֵל־חַנּוּן וְרַחוּם : sost. m. אֵל "Dio" + agg. m. s. חַנּוּן "misericordioso" + cong. וְ + agg. m. s. רַחוּם "pietoso, compassionevole" = (sei) un Dio misericordioso e compassionevole.

אֶרֶךְ אַפַּיִם : agg. אָרֵךְ "lungo, lento" in stato costr. + sost. m. אַף "naso" (cfr. 3,9) al duale (l'espressione significa "lento all'ira, longanime") = lento all'ira.

וְרַב־חֶסֶד : cong. וְ + agg. רַב "abbondante, grande" in stato costr. + sost. m. חֶסֶד "misericordia" = e grande di misericordia/multimisericordioso.

וְנִחָם : part. *Nifal* m. s. dalla radice נחם (cfr. 3,9) = che si pente.

עַל־הָרָעָה: : prep. עַל + sost. f. רָעָה (cfr. 4,1) articolato = del male.

4,3

וְעַתָּה יְהוָה : cong. וְ + avv. di tempo עַתָּה "ora" + nome di Dio = e ora, o YHWH.

קַח־נָא : imperat. *Qal* 2 m. s. di לָקַח "prendere" (*Grammatica*, § 36) + particella deprecativa נָא "orsù, dunque" = prendi dunque.

אֶת־נַפְשִׁי : particella dell'accus. אֶת־ + sost. f. נֶפֶשׁ "anima, vita" (cfr. 1,14) con suff. 1 s. = la mia vita.

מִמֶּנִּי : prep. מִן "da" con suff. 1 s. = da me.

כִּי טוֹב מוֹתִי : particella כִּי di valore causale "poiché" + agg. m. טוֹב "buono" + sost. m. מָוֶת "morte" con suff. 1 s. = poiché (è) buona la mia morte.

מֵחַיָּי : prep. מִן che introduce il secondo termine di paragone "più che" + sost. m. *plurale tantum* חַיִּים "vita" con suff. 1 s. (forma pausale per חַיַּי) = più che la mia vita.

4,4

וַיֹּאמֶר יְהוָה : imperf. inverso *Qal* 3 m. s. di אָמַר + nome di Dio = disse YHWH.

הַהֵיטֵב : particella interr. הַ (per הֲ; cfr. 4,2) + inf. ass. *Hifil* da יטב (*Grammatica*, paradigma IX) con valore avverbiale = forse che giustamente.

חָרָה לָךְ: perf. *Qal* 3 m. s. da חָרָה "ardere, bruciare" + prep. לְ con suff. 2 m. s. (forma pausale per לְךָ); l'espressione indica l'ardere dell'ira = arde la tua ira?

4,5

וַיֵּצֵא יוֹנָה : imperf. inverso *Qal* 3 m. s. di יָצָא "uscire" + nome proprio = uscì Giona.

מִן־הָעִיר : prep. מִן + sost. f. עִיר "città" articolato (הָ davanti a ע) = dalla città.

וַיֵּשֶׁב : imperf. inverso *Qal* 3 m. s. di יָשַׁב "sedere" (forma dello iussivo per וַיֵּשֵׁב; cfr. 3,6) = e sedette.

מִקֶּדֶם לָעִיר : prep. מִן + sost. m. קֶדֶם "oriente" + לְ + articolo (הָ davanti a ע) + sost. f. עִיר (vedi sopra) = a oriente della città.

וַיַּעַשׂ לוֹ : imperf. inverso *Qal* 3 m. s. di עָשָׂה (forma apocopata per וַיַּעֲשֶׂה) + prep. לְ con suff. 3 m. s. (esprime il valore riflessivo) = fece per sé/si fece.

שָׁם : avv. di luogo = là.

סֻכָּה : sost. f. סֻכָּה "capanna" = una capanna.

וַיֵּשֶׁב : vedi sopra = e sedette.

תַּחְתֶּיהָ בַּצֵּל : prep. תַּחַת "sotto" con suff. 3 f. s. + prep. בְּ + art. + sost. m. צֵל "ombra" = sotto di essa all'ombra.

עַד אֲשֶׁר : particella עַד + pron. relativo; formano un'espressione di valore finale/consecutivo = fino a che/affinché.

יִרְאֶה : imperf. *Qal* 3 m. s. di רָאָה "vedere" (cfr. 3,10) = vedesse/potesse vedere.

מַה־יִּהְיֶה : pron. interr. per le cose מָה (oppure מַה־ seguito da *dageš*) "che cosa?" + imperf. *Qal* 3 m. s. di הָיָה = che cosa sarebbe stato/avvenuto.

בָּעִיר: : prep. בְּ + articolo (vedi sopra) + sost. f. עִיר (vedi sopra) = nella città/della città.

4,6

וַיְמַן יְהוָה־אֱלֹהִים : cfr. 2,1 = YHWH Dio preparò/predispose.

קִיקָיוֹן : sost. m. קִיקָיוֹן "ricino" (il termine, di significato incerto, compare 5 volte e solo nel libro di Giona) = una pianta di ricino.

וַיַּעַל : imperf. inverso *Hifil* 3 m. s. di עָלָה (forma apocopata per וַיַּעֲלֶה); sia וַיַּעַל che וַיַּעֲלֶה possono essere anche *Qal* "crebbe", ma il contesto sembra suggerire il senso causativo dell'*Hifil* = fece crescere (oppure: crebbe).

מֵעַל לְיוֹנָה : prep. composta da מִן e עַל + prep. לְ: insieme significano "al di sopra di" + nome proprio = al di sopra di Giona.

לִהְיוֹת צֵל : prep. לְ + inf. costr. *Qal* di הָיָה (הֱיוֹת; cfr. 4,2) + sost. m. צֵל (cfr. 4,5) = per essere ombra/per fare ombra/per fungere da ombra.

עַל־רֹאשׁוֹ : prep. עַל + sost. m. רֹאשׁ "testa, capo" con suff. 3 m. s. = sulla sua testa.

לְהַצִּיל לוֹ : prep. לְ + inf. costr. *Hifil* da נצל (non usato al *Qal*) "salvare" (*Grammatica*, paradigma VIII) + prep. לְ con suff. 3 m. s. = per salvarlo.

מֵרָעָתוֹ : prep. מִן + sost. f. רָעָה (cfr. 1,2 e 1,7) con suff. 3 m. s. = dal suo male.

וַיִּשְׂמַח יוֹנָה : imperf. inverso *Qal* 3 m. s. da שָׂמַח "gioire, rallegrarsi" + nome proprio = si rallegrò Giona.

עַל־הַקִּיקָיֹון : prep. עַל + vedi sopra = riguardo al ricino.

שִׂמְחָה גְדֹולָה: : sost. f. שִׂמְחָה "gioia" (שִׂמְחָה è l'oggetto del verbo שָׂמַח; lett. "gioire una gioia"; cfr. 1,16) + agg. גָּדֹול "grande" al f. s. = una gioia grande (cioè: si rallegrò/gioì grandemente).

4,7

וַיְמַן הָאֱלֹהִים : cfr. 4,6 = predispose Dio.

תֹולַעַת : sost. f. תֹולַעַת "verme" = un verme.

בַּעֲלֹות הַשַּׁחַר : prep. בְּ + inf. costr. *Qal* di עָלָה "salire" + sost. m. שַׁחַר "aurora" preceduto dall'articolo = nel salire dell'aurora.

לַמָּחֳרָת : prep. לְ + articolo + sost. f. מָחֳרָת (*moḥŏrāth*) "giorno seguente" = il giorno seguente.

וַתַּךְ : imperf. inverso *Hifil* 3 f. s. dalla radice נכה (non attestata al *Qal*) "colpire, attaccare"; forma apocopata per וַתַּכֶּה (non attestata) = e colpì.

אֶת־הַקִּיקָיֹון : particella dell'accus. + cfr. 4,6 = il ricino.

וַיִּיבָשׁ: : imperf. inverso *Qal* 3 m. s. da יָבֵשׁ "seccare, inaridire" (בָ per בַ in pausa) = e seccò/inaridì.

4,8

וַיְהִי : = avvenne che.

כִּזְרֹחַ הַשֶּׁמֶשׁ : particella כְּ (כִּ a causa della vocale che segue) con valore temporale + inf. costr. *Qal* di זָרַח "splendere" (*Grammatica*, paradigma VI) + sost. f. (talvolta m.) שֶׁמֶשׁ "sole" articolato = quando splendette il sole.

וַיְמַן אֱלֹהִים : cfr. 4,6 = predispose Dio.

רוּחַ קָדִים : sost. f. רוּחַ "vento" in stato costr. + sost. m. קָדִים "oriente" = un vento d'oriente.

חֲרִישִׁית : agg. חֲרִישִׁי "sottile, silenzioso" oppure "torrido", al f. s. L'aggettivo, di significato incerto, compare solo qui = lieve/torrido.

וַתַּךְ הַשֶּׁמֶשׁ : cfr. 4,7 = e colpì il sole.

עַל־רֹאשׁ יֹונָה : prep. עַל + sost. m. רֹאשׁ "testa" + nome proprio = sulla testa di Giona.

וַיִּתְעַלָּף : imperf. inverso *Hitpael* 3 m. s. dalla radice עלף "indebolirsi, venire meno" (attestata solo in *Pual* e *Hitpael*); forma pausale per וַיִּתְעַלֵּף* = e venne meno.

וַיִּשְׁאַל אֶת־נַפְשׁוֹ : imperf. inverso *Qal* 3 m. s. di שָׁאַל "chiedere" + particella dell'accus. (retta dal verbo) + sost. f. נֶפֶשׁ "anima, vita" con suff. 3 m. s. = e chiese alla sua anima.

לָמוּת : prep. לְ (לָ perché prima dell'accento) + inf. costr. *Qal* di מוּת "morire"; con le parole precedenti forma un'espressione idiomatica: "chiese/pregò di morire" = di morire.

וַיֹּאמֶר : = dicendo/e disse.

טוֹב מוֹתִי : cfr. 4,3 = buona è la mia morte.

מֵחַיָּי : cfr. 4,3 = (più) della mia vita.

4,9

וַיֹּאמֶר אֱלֹהִים אֶל־יוֹנָה : = disse Dio a Giona.

הַהֵיטֵב : cfr. 4,4 = forse che giustamente.

חָרָה־לְךָ : cfr. 4,4 = arde la tua ira.

עַל־הַקִּיקָיוֹן : = riguardo al ricino.

וַיֹּאמֶר : = disse.

הֵיטֵב חָרָה־לִי : = giustamente arde la mia ira.

עַד־מָוֶת : = fino alla morte.

4,10

וַיֹּאמֶר יְהוָה : = disse YHWH.

אַתָּה חַסְתָּ : pron. pers. 2 m. s. אַתָּה "tu" + perf. *Qal* 2 m. s. di חוס "avere misericordia, provare dispiacere" = tu hai avuto compassione/dispiacere.

עַל־הַקִּיקָיוֹן : prep. עַל (retta dal verbo precedente) + cfr. 4,9 = riguardo al ricino.

אֲשֶׁר לֹא־עָמַלְתָּ בּוֹ : pron. relativo + avv. di negazione + perf. *Qal* 2 m. s. di עָמַל

"faticare" + prep. בְּ (retta dal verbo) con suff. 3 m. s. = che non hai faticato per esso (cioè: per il quale non hai faticato).

וְלֹא גִדַּלְתּוֹ : cong. וְ + avv. di negazione + perf. *Piel* 2 m. s. di גָּדַל "essere/ diventare grande" (al *Piel* "far crescere") con suff. 3 m. s. = e (che) non hai coltivato.

שֶׁבִּן־לַיְלָה : pron. relativo שֶׁ (seguito da *dageš*) + sost. m. בֶּן "figlio" in stato costr. + sost. m. לַיְלָה "notte" = il quale figlio di una notte.

הָיָה : perf. *Qal* 3 m. s. di הָיָה "essere" = era/fu (cioè: che è nato in una notte).

וּבִן־לַיְלָה : cong. וְ (וּ davanti a בְ) + vedi sopra = e nello spazio di una notte.

אָבָד: : perf. *Qal* 3 m. s. di אָבַד (אָבָד in pausa) = è perito.

4,11

וַאֲנִי לֹא אָחוּס : cong. וְ (וַ a causa della vocale che segue) + pron. pers. 1 s. + avv. di negazione + imperf. *Qal* 1 s. di חוּס (cfr. 4,10) = e io non dovrei dispiacermi.

עַל־נִינְוֵה : prep. עַל (retta dal verbo) + nome proprio di città = a riguardo di Ninive.

הָעִיר הַגְּדוֹלָה : cfr. 1,2 = la città grande.

אֲשֶׁר יֶשׁ־בָּהּ : pron. relativo + particella יֵשׁ (יֶשׁ־) + prep. בְּ con suff. 3 f. s. = che c'è in essa (cioè: nella quale c'è).

הַרְבֵּה : inf. ass. *Hifil* di רָבָה "essere grande/numeroso" con valore avverbiale "molto" (funge da primo termine di paragone) = molto (più).

מִשְׁתֵּים־עֶשְׂרֵה רִבּוֹ : prep. מִן (qui introduce il secondo termine di paragone "più di") + agg. num. f. שְׁתֵּים עֶשְׂרֵה "dodici" + agg. (o sost.) num. רִבּוֹ (anche רְבוֹא) "diecimila, decina di migliaia" allo stato costr. = più di dodici decine di migliaia (cioè: più di 120.000).

אָדָם : sost. m. אָדָם al s., ma con senso collettivo (è il soggetto del verbo seguente) = di uomini/persone.

אֲשֶׁר לֹא־יָדַע : pron. relativo + avv. di negazione + perf. *Qal* 3 m. s. di יָדַע "conoscere" (seguito da בֵּין "tra" significa "distinguere") = che non distinguono.

בֵּין־יְמִינֹו לִשְׂמֹאלֹו : particella בֵּין "tra" correlativa di לְ (לְ a causa della vocale che segue) + sost. m. e f. יָמִין "destra, mano destra" con suff. 3 m. s. + sost. m. e f. שְׂמֹאל "sinistra, mano sinistra" con suff. 3 m. s. = fra la loro destra e la loro sinistra.

וּבְהֵמָה רַבָּה: : cong. וְ (וּ davanti a בְ) + sost. f. בְּהֵמָה "bestia, animale" (in senso collettivo; cfr. 3,7) + agg. רַב "grande, numeroso" al f. s. = e molte bestie.

3. Analisi sintattica

3.1 Tabella delle forme verbali dell'Ebraico Biblico

NARRAZIONE STORICA

Inizio della narrazione = ANTEFATTO (livello secondario)	→ Inizio della linea principale = PRIMO PIANO (livello principale, catena narrativa)	→ Linea secondaria = SFONDO (livello secondario)

(1)   x-qatal
      pns
      x-yiqtol
      wᵉqatal
cf. Gn 1,1 ss; 2,5 ss
	→ wayyiqtol in catena	→ x-qatal
		→ pns
		→ x-yiqtol
		→ wᵉqatal

DISCORSO DIRETTO

ASSE TEM- PORALE	LIVELLO PRINCIPALE (primo piano)	→ LIVELLO SECONDARIO (sfondo)
Passato	**(2)** (x-) qatal →wayyiqtol conti- nuativo (coordinato, livello principale) cf. Dt 1,6 ss; 5,2 ss	→ x-qatal, pns, x-yiqtol, wᵉqatal (sfondo)
Presente	**(3)** pns con/senza participio cf. Gn 42,10-11	→ pns con/senza participio
Futuro indicativo	**(4)** pns (spec. con participio) → wᵉqatal continuativo cf. Es 7,17-18; 7,27-29 *oppure* **(5)** x-yiqtol iniziale → wᵉqatal continuativo; cf. Gn 50,25	→ x-yiqtol (sfondo)
Futuro volitivo	**(6)** Imperativo → wᵉyiqtol (primo piano) *oppure* **(7)** (x-) yiqtol coortativo / iussivo → wᵉyiqtol (= primo piano) cf. Nm 6,24-26	→ x-imperativo (sfondo) → x-yiqtol (sfondo)
	N.B. **(6)** imperativo → wᵉyiqtol = scopo ('affinché') **(8)** imperativo → wᵉqatal = conseguenza ('così, perciò') cf. Es 25,2 → 25,8	

-   "Pns" = proposizione nominale semplice, o proposizione non verbale, senza verbo finito.
-   Il simbolo → indica una transizione temporale, cioè il passaggio da una forma verbale a un'altra.

Lo schema che precede presenta in forma sintetica la descrizione del sistema verbale ebraico che guiderà l'analisi del libro di Giona[3].

Giona è un testo di prosa ma include una parte in poesia (2,3-10; cf. § 3.3) e perciò consente di verificare la differenza tra l'uno e l'altro genere letterario.

La narrazione storica inizia di solito con forme di antefatto, cioè forme verbali di livello secondario che comunicano informazioni previe all'inizio vero e proprio del racconto, come data, luogo, circostanza antecedente, ecc. In ebraico (vedi schema qui sopra, num. 1) i costrutti di livello secondario che compaiono nell'antefatto sono (waw-) x-qatal (cioè qatal al secondo posto nella proposizione con o senza waw all'inizio, senza differenza sintattica), proposizione senza verbo finito, (waw-) x-yiqtol (cioè yiqtol al secondo posto nella proposizione con o senza waw all'inizio, senza differenza sintattica) e w^{e}qatal. L'inizio vero e proprio della linea principale del racconto avviene con wayyiqtol, forma verbale che compare di solito in catena e comunica informazioni coordinate e normalmente successive l'una all'altra. La catena narrativa viene interrotta quando l'autore intende comunicare un'informazione su un livello secondario, per indicare una circostanza dell'azione principale, un'azione/informazione concomitante (non successiva) o anteriore ad essa, una descrizione, una riflessione, una precisazione.

---

[3]   Questa parte è un rifacimento e aggiornamento di A. Niccacci, "Syntactic Analysis of Jonah", *LA* 46 (1996) 9-32. Il quadro della ricerca sul libro di Giona è delineato da K.M. Craig, Jr, "Jonah in Recent Research", *CR:BS* 7 (1999) 97-118. Nella rassegna di Craig si trova una panoramica sulle varie opinioni riguardanti le questioni introduttive al libro di Giona: il suo posto nel complesso dei Profeti Minori (al riguardo si veda anche l'esposizione di P.L. Redditt, "Recent Research on the Book of the Twelve as One Book", *CR:BS* 9 [2001] 47-80), la composizione letteraria, i rapporti con altri libri biblici ("intertestualità"), il genere, il canone, la datazione, i passi particolarmente controversi, e le nuove prospettive interpretative, come l'ironia o l'umorismo. Sulla scia di H.W. Wolff, *Dodekapropheton 3: Obadja und Jona*, Neukirchen-Vluyn 1977, 62-64, Giona si può considerare una "novella didattica"; non però "eine ironisch-didaktische Novelle", come ritiene l'autore, dato che non presenta nulla di ironico o di satirico. È un racconto che formula in contesto e linguaggio profetico un contenuto sapienziale, qual è la fede in Dio creatore (cf. *infra*, § 3.6). Come si vedrà nel corso dell'analisi, le pretese "incongruità" del testo, o di Dio stesso, sono funzionali allo scopo della novella e non dovrebbero essere indebitamente esasperate come fa, mi pare, P. Trible, "Divine Incongruities in the Book of Jonah", in: T. Linafelt - T.K. Beal (edd.), *God in the Fray. A Tribute to Walter Brueggemann*, Minneapolis 1998, 198-208. Non credo poi che il tono del libro di Giona sia ironico e che il suo argomento sia la profezia, con le ambiguità che essa comporta, come vuole, tra gli altri, K.J. Dell, "Reinventing the Wheel: The Shaping of the Book of Jonah", in: J. Barton - D.J. Reimer (edd.), *After the Exile. Essays in Honour of Rex Mason*, Macon 1996, 85-101. L'argomento è piuttosto Dio, più esattamente la sua misericordia verso chiunque si penta del male commesso, mentre il profeta e Ninive sono le due figure principali, di segno contrapposto, che vengono utilizzate in funzione di questo scopo.

La narrazione comprende normalmente il discorso diretto. A differenza della narrazione che utilizza come livello (o linea) principale solo l'asse del passato, il discorso diretto utilizza tutti e tre gli assi temporali come livello principale. Infatti nel discorso diretto si può raccontare il passato (narrazione orale, distinta da quella storica), esporre il presente o annunciare il futuro.

Appare chiara la distinzione tra assi temporali e forme verbali, dato che più forme verbali possono appartenere al medesimo asse temporale; ad esempio, qatal e wayyiqtol appartengono all'asse del passato, mentre yiqtol e w^{e}qatal appartengono a quello del futuro.

La linea principale della narrazione orale (in discorso diretto) inizia con (x-) qatal, cioè con qatal al primo posto o al secondo posto nella proposizione, senza differenza, e continua con wayyiqtol, normalmente in catena. Questa catena continua finché l'autore non intende comunicare informazioni di linea secondaria (si veda § 3.1, num. 2). La narrazione orale procede dunque come quella storica, con una differenza importante: in essa la forma x-qatal all'inizio non indica livello secondario (antefatto), come nella narrazione storica, ma inizia il livello principale, salvi casi particolari identificabili in base al contesto.

Nell'asse del presente il discorso diretto utilizza la proposizione nominale semplice, cioè quella senza verbo finito, o proposizione non verbale, con o senza participio (si veda § 3.1, num. 3), sia per il livello principale che per quello secondario. Una differenza importante si verifica però nell'ordine delle parole: nella proposizione nominale di linea principale è predicato-soggetto, mentre in quella di linea secondaria è soggetto-predicato (cf. *infra*, note 28 e 62).

Nell'asse del futuro è necessario distinguere il modo indicativo da quello volitivo (imperativo, coortativo, iussivo). La linea principale del futuro indicativo inizia con una proposizione non verbale, specialmente con participio, oppure con (waw-) x-yiqtol e prosegue con la forma coordinata w^{e}qatal, che può comparire in catena. Per la linea secondaria si utilizza (waw-) x-yiqtol (si veda § 3.1, num. 4-5).

Nel futuro volitivo la linea principale inizia con imperativo oppure con yiqtol al primo posto della proposizione (talvolta anche al secondo, senza differenza) e continua, rispettivamente, con waw-imperativo oppure con w^{e}yiqtol, anche in catena per comunicare informazioni coordinate. La linea secondaria viene indicata, rispettivamente, da x-imperativo oppure da (waw-) x-yiqtol iussivo (si veda § 3.1, num. 6-7).

La poesia presenta alcune peculiarità rispetto alla prosa. Detto in breve, la prosa procede in modo lineare mediante forme verbali che iniziano e continuano la linea principale della comunicazione sia nella narrazione storica che nel discorso diretto. La poesia procede diversamente: non in modo lineare ma in modo segmentato. Le varie informazioni vengono suddivise in stichi paralleli che si corrispondono tra loro e si completano[4]. Questa caratteristica rende ragione delle differenze tra i due generi, prosa e poesia, anche per quanto riguarda l'uso delle forme verbali.

La grande maggioranza degli studiosi ritiene che nella poesia le forme verbali non abbiano un valore fisso, pur ammesso che lo abbiano nella prosa, per cui traducono come meglio loro sembra in base al contesto[5]. È consigliabile però una maggiore cautela, anche per quanto riguarda la poesia, dal momento che il sistema verbale ebraico nella prosa si mostra tutt'altro che incoerente.

Anzitutto la poesia si comporta in modo simile al discorso diretto per il fatto che può utilizzare tutti e tre gli assi temporali come linea principale della comunicazione (cf. *supra*). Per questo motivo la preghiera di Giona (2,3-10) è stata posta nel livello del discorso diretto, oltre che per il motivo ovvio che essa viene espressamente presentata come parola del protagonista (*supra*, § 1). Di conseguenza le forme verbali della poesia verranno analizzate secondo i principi della prosa, tenendo conto però della caratteristica fondamentale della poesia, che è, come già accennato, il parallelismo.

I casi più controversi sono quelli in cui si presentano coppie parallele di forme verbali qatal (o la sua forma di continuazione wayyiqtol) // yiqtol (o la sua forma di continuazione w^eqatal). In questi casi si possono verificare due possibilità: a) qatal // yiqtol vanno tradotti con passato remoto o prossimo // futuro quando si riferiscono ognuno al proprio asse temporale (cf. *infra*, commento a 2,5.10); b) qatal // yiqtol vanno tradotti con passato remoto o prossimo // imperfetto quando si riferiscono entrambi all'asse del passato (cf. *infra*, commento a 2,4.6). In prosa infatti yiqtol in riferimento al passato indica

---

[4]   Si veda al riguardo A. Niccacci, "Analysing Biblical Hebrew Poetry", *JSOT* 74 (1997) 77-93, dove la differenza tra prosa e poesia viene illustrata sulla base di Gdc 4,19.21 e 5,25-27, in cui l'uccisione di Sisara viene, rispettivamente, raccontata nella narrazione storica e celebrata nel cantico di Debora.

[5]   Il cap. X di *Sintassi*, e anche "Analysing Biblical Hebrew Poetry", furono scritti sotto l'influsso di studiosi (U. Cassuto, M. Held, S. Gevirtz, M. Dahood) che valutavano l'uso delle forme verbali della poesia biblica, soprattutto arcaica, in base all'ugaritico. Si pensava, e ancora parecchi lo pensano, che esistesse una forma cananea di yiqtol con valore "omnitemporale" (usata cioè per ogni riferimento temporale). Si notava in particolare un tipo di parallelismo yiqtol // qatal o qatal // yiqtol, in cui le forme verbali si riteneva avessero lo stesso valore temporale. Un'opinione diversa, com'è illustrata sopra nel testo, si è andata sviluppando in saggi successivi di A. Niccacci, "Syntactic Analysis of Jonah", *LA* 46 (1996) 26-31, spec. 26-31 su Gio 2,3-10; A. Niccacci - E. Cortese, "L'attesa dei poveri non sarà vana: Il Sal 9/10 attualizzato", in: L. Cagni (ed.), *Biblica et semitica. Studi in memoria di Francesco Vattioni*, Napoli-Roma 1999, 129-149, spec. 139-149; "Poetic Syntax and Interpretation of Malachi", di prossima pubblicazione in *LA* 51 (2001); e "Biblical Hebrew Verbal System in Poetry", da pubblicare a cura della Hebrew University di Gerusalemme.

l'aspetto abituale o descrittivo, mentre qatal indica l'aspetto unico o puntuale, dell'informazione/azione[6]. Questo parallelismo di tipo aspettuale, unico-puntuale // abituale-descrittivo, produce un effetto bidimensionale, o "meristico": è un mezzo per presentare le informazioni da diverse prospettive[7].

3.2 Prima Parola del Signore (1,1-2,2)

1,1-5

La novella di Giona inizia con un wayyiqtol narrativo e quindi senza alcuna notizia di antefatto che delinei la cornice del racconto che sta per cominciare, com'è usuale in casi analoghi[8]. La narrazione procede con una serie di forme wayyiqtol, coordinate l'una all'altra, che costituiscono la linea principale e portano avanti il racconto (1,1-3a). La forma negativa corrispondente del wayyiqtol narrativo è וְלֹא + qatal (ad es. 1,13b).

In 1,1a וַיְהִי è un verbo "pieno", nel senso che il nome che lo segue è il suo soggetto, come in 3,1a e 3,3c, diversamente da 4,8a, in cui il suo soggetto è una proposizione duplice (cf. § 3.4, *ad locum*)[9].

---

[6] Cf. *Sintassi*, § 133.

[7] Per i dettagli cf. Niccacci, "Biblical Hebrew Verbal System in Poetry", § 2. Per l'uso dello yiqtol in contesto di passato nella poesia gli studiosi si rifanno di solito al passato *yaqtul* del Semitico nord-occidentale; si può vedere l'esposizione del problema in *Sintassi*, §§ 171-172.

[8] A. Niccacci, "Organizzazione canonica della Bibbia ebraica. Tra sintassi e retorica", *RivBiblIt* 43 (1995) 9-29, spec. 19, ha interpretato le forme wayyiqtol che compaiono all'inizio di alcuni libri biblici (Levitico, Numeri, Giosuè, Giudici, 1 e 2 Samuel, 2 Re, Ezechiele, Rut e Ester) come segno di una cosciente organizzazione "canonica" della Bibbia ebraica. Nel caso specifico, siccome il libro di Giona segue quello del profeta Abdia sia nel canone ebraico che in quello greco dei Settanta, il וַיְהִי iniziale può avere la funzione di collegare i due libri. Dato che Abdia termina con le parole "e il regno sarà del Signore", il senso inteso potrebbe essere il seguente: proprio perché Egli è il Signore di tutti i popoli, il Dio di Israele ordinò a Giona di andare a predicare la conversione ai Niniviti. Questo collegamento viene reso con "Allora/perciò la parola di Dio venne a Giona…". Conferma a questa interpretazione viene dal fatto che i Profeti Minori formano tradizionalmente un solo libro, chiamato "Libro dei Dodici". Recentemente questo complesso letterario è divenuto oggetto di numerosi studi; cf. Redditt, "Recent Research on the Book of the Twelve as One Book".

[9] Invece J.M. Sasson, *Jonah. A New Translation with Introduction, Commentary and Interpretation*, New York ecc. 1990, 66, intende questo וַיְהִי non come verbo "pieno" ma come "segno macrosintattico" della narrazione e traduce 1,1-3 nel modo seguente: "When the Lord's command to Jonah the son of Amittai was, 'Set out for Nineveh…,' Jonah, instead, sought to escape the Lord…" (similmente nel passo parallelo 3,1-3). Ora però sembra chiaro che la frase che apre il libro di Giona è l'equivalente narrativo (con וַיְהִי) della frase di antefatto (con x-הָיָה) "nell'anno… הָיָה דְבַר־יְהוָה בְּיַד la parola del Signore venne per mano di (nome del profeta)…" che apre la profezia di Aggeo e quella di Zaccaria. Una costruzione analoga, דְּבַר־יְהוָה אֲשֶׁר הָיָה אֶל־ "(Questa è) la parola del Signore che venne a (nome del profeta)…", apre le profezie di Osea, Gioele, Michea e Sofonia. In tutti questi casi il sintagma "la parola del Signore" è soggetto del verbo היה. Inoltre, contrariamente a quanto ritiene Sasson seguendo alcuni autori, il verbo היה non è in nessun caso "ipertrofico", cioè inutile (cf. *infra*, nota 71).

L'espressione וּקְרָא עָלֶיהָ (1,2c) equivale a וּקְרָא אֵלֶיהָ אֶת־הַקְּרִיאָה "proclama ad essa il proclama…" (3,2c)[10], per cui il כִּי non introduce una proposizione oggettiva: "e proclama contro di essa *che*…", ma causale: "e proclama contro di essa, *poiché*…"[11].

1,4a è una costruzione del tipo waw-x-qatal che, diversamente da wayyiqtol, indica un'interruzione della linea principale della narrazione. In effetti ogni costruzione diversa da wayyiqtol segnala una rottura della linea principale, sia essa una proposizione senza verbo finito, che con un verbo finito in seconda posizione (cioè waw-x-qatal o waw-x-yiqtol), oppure con w^{e}qatal. Sono tutte proposizioni di livello secondario nel corso della narrazione (cf. § 3.1, num. 1). Dal punto di vista sintattico non sono autonome ma si appoggiano alla corrispondente forma di livello principale, cioè al wayyiqtol narrativo. Ora questo wayyiqtol narrativo può precedere o seguire la forma di livello secondario, per cui si verificano due possibilità: wayyiqtol → waw-x-qatal (primo piano → sfondo) e, viceversa, waw-x-qatal → wayyiqtol (antefatto → inizio della linea principale). Per decidere quale possibilità si applichi di volta in volta la sintassi non basta, occorre l'interpretazione.

In 1,4a, ad esempio, waw-x-qatal è probabilmente collegato e dipendente dal precedente wayyiqtol, piuttosto che da quello seguente[12]. Questa decisione è presa in base a considerazioni di natura semantica. Un primo collegamento tra le proposizioni 1,3 e 1,4a è stabilito dal nome divino "Signore" (יְהוָה). Un secondo collegamento è rappresentato dalle radici יָרַד "scendere" (1,3b) e טוּל "gettare" (1,4a), che compaiono anche in 1,5 ma in ordine inverso. Si delineano così due transizioni temporali: וַיֵּרֶד → waw-x-הֵטִיל in 1,3e-4a e וַיְּטִלוּ → waw-x-יָרַד in 1,5c-d. Le due proposizioni, quella con wayyiqtol e quella con waw-x-qatal, formano un'unità sintattica indivisibile e indicano rispettivamente il primo piano e lo sfondo. Dal punto di vista dell'aspetto dell'azione/informazione la transizione temporale del tipo wayyiqtol → waw-x-qatal sottolinea in 1,3e-4a l'immediatezza dell'azione divina: "Pagò… e salì a bordo (letteralmente: 'scese in essa')…

---

[10] Il passaggio dal singolare ("Ninive, la grande città"), riferito alla città, al plurale maschile ("la loro iniquità"), riferito agli abitanti, è ben attestato in ebraico; cf. Gesenius-Kautzsch-Cowley, § 135p.

[11] Così già Rashi e Radak; cf. A.J. Rosenberg, *The Twelve Prophets, Volume I. A New English Translation. Translation of Text, Rashi and Commentary*, New York 1991, 180 (ebraico); 257 (traduzione). Dopo un'ampia discussione della terminologia, Sasson, *Jonah*, 72-77, ritiene di poter tradurre: "and declare doom upon it; the wickedness of its citizens is obvious to me".

[12] Diversamente 1,4a fornirebbe informazione previa e introdurrebbe un nuovo episodio della novella (cf. *Sintassi*, §§ 15-18), per cui si dovrebbe tradurre: "Ora il Signore *aveva gettato* un forte vento…", il che non sembra adatto al contesto.

Ma il Signore gettò *subito* un forte vento sul mare", oppure "ma *intanto* il Signore gettò un forte vento sul mare"[13]; mentre in 1,5c-d segnala contemporaneità e contrapposizione tra l'azione dei marinai e il comportamento di Giona: "gettarono in mare gli attrezzi... *mentre* Giona scese nelle parti interne della nave"[14]. Il punto essenziale è che la costruzione con qatal segnala un'interruzione della sequenza altrimenti lineare di forme narrative: "e poi... e poi... e poi". La funzione precisa di questa rottura deve essere valutata in base al contesto letterario e al senso.

Quando, come nei casi esaminati (1,4a.c; 1,5d), la sequenza è del tipo wayyiqtol → waw-x-qatal, l'interruzione della linea narrativa è minore: rappresenta solo una pausa nel flusso lineare delle informazioni. È questo un mezzo sintattico a disposizione dell'autore biblico per comunicare le sue informazioni in modo gerarchico e significativo. E le forme verbali sono il mezzo fondamentale per questo scopo. Da qui l'importanza dell'analisi sintattica come base di ogni lavoro sul testo[15].

Un'altra sequenza del tipo wayyiqtol → waw-x-qatal in 1,4b-c sottolinea l'immediatezza dell'evento: "venne una grande tempesta sul mare e *subito* la nave minacciò di spezzarsi"[16].

---

[13] Se avessimo un altro wayyiqtol invece di waw-x-qatal, l'informazione sarebbe semplicemente successiva alle precedenti e del medesimo livello: "(Giona) pagò... scese... *e poi* il Signore gettò un forte vento". La costruzione con qatal suggerisce invece che l'intervento del Signore si verificò appena i marinai salparono. Questa interpretazione si accorda con la notizia che essi cercarono, anche se invano, di riportare la barca a terra (1,13).

[14] Così il testo presenta il comportamento tranquillo di Giona in opposizione a quello preoccupato dei marinai. Se si applica invece il collegamento waw-x-qatal → wayyiqtol, la traduzione sarebbe: "Giona intanto *era sceso* nelle parti interne della nave", il che sarebbe un'informazione di antefatto che delimita un nuovo episodio della novella. In questo caso i wayyiqtol che seguono (1,5e-f) potrebbero essere analizzati come continuativi: "Giona intanto era sceso... si era coricato e si era addormentato". Sul wayyiqtol continuativo si veda *Sintassi*, §§ 40.141.146 (spec. nell'edizione inglese o spagnola).

[15] Anche l'analisi narratologica si basa su quella sintattica; si veda il contributo di R. Tadiello nel presente volume (§ 4). Vale la pena insistere sulla necessità di cercare di comprendere e rispettare il modo come un autore formula le informazioni, senza cedere alla tentazione di renderlo più leggibile o più logico con il rischio di stravolgere lo stile e forse anche il senso; si veda il commento a 3,5-8 e 4,5. Sasson, *Jonah*, 13, caratterizza così la sua traduzione del testo biblico: "... while I aim for a translation that is idiomatic rather than literal, I stay very close to the Hebrew text" (p. 13). Ora se si confronta la sua traduzione di 1,5: "Terrified, the sailors appealed, each to his own god(s), and, to lighten their load, they flung their equipment overboard", con quella data sopra, si comprenderà che per lui rendere in modo libero le forme verbali e anche mutare la sequenza delle informazioni non significa allontanarsi dal testo ebraico.

[16] Letteralmente: "la nave pensò di essere spezzata". Su questa peculiare espressione si consulti U. Simon, *Jona. Ein jüdischer Kommentar*, Stuttgart 1994, 81-82.

1,6

La proposizione 1,6c contiene un participio senza articolo, נִרְדָּם, che ha valore circostanziale rispetto al suffisso pronominale che precede, una funzione simile a quella del participio circostanziale del greco[17]. Infatti in casi analoghi la frase מַה־לְּךָ è seguita da un costrutto circostanziale come l'avverbio פֹּה "qui" ("Che hai tu/come mai sei venuto *qui*?": Gdc 18,3; 1 Re 19,9.13) oppure una costruzione כִּי + qatal ("Che hai tu *per il fatto che*/come mai sei stato convocato?": Gdc 18,23). Letteralmente perciò: "Che hai tu *essendo addormentato?*".

Le proposizioni 1,6d-e sono due costruzioni volitive con imperativi asindetici (cf. 3,2), mentre 1,6f-g sono costruzioni non volitive, rispettivamente x-yiqtol e וְלֹא + yiqtol[18]. Quest'ultima è il corrispondente negativo di wᵉqatal e indica conseguenza: "*e così* non periremo".

1,7

Troviamo qui tre forme volitive: un imperativo (b), due wᵉyiqtol iussivi (c-d) coordinati all'imperativo[19].

In (e) בְּשֶׁלְמִי (cf. 1,12f)[20] è il predicato sintattico e הָרָעָה הַזֹּאת לָנוּ è il soggetto sintattico. In questo caso il soggetto sintattico è una proposizione senza verbo finito, in cui הָרָעָה הַזֹּאת è il soggetto grammaticale e לָנוּ è il predicato

---

[17] Una costruzione simile si trova in Ez 18,2 (dove però compare אַתֶּם מֹשְׁלִים, cioè una proposizione non verbale con funzione circostanziale, non un semplice participio; letteralmente: "Cosa avete voi *mentre ripetete* questo proverbio…") e in Qo 6,8, e più tardi nell'ebraico mishnaico, per cui viene ritenuta caratteristica della lingua post-esilica, a differenza della costruzione più antica con כִּי + yiqtol; cf. K. Almbladh, *Studies in the Book of Jonah*, Uppsala 1986, 20; Simon, *Jona*, 65. In realtà dopo כִּי si trova sia yiqtol (1 Sam 11,5; 2 Sam 16,10; 19,23; Is 3,5) che qatal (Gdc 11,12; 18,23; Is 22,1; 22,16; 52,5; Sal 114,5). D'altra parte l'affermazione che quella costruzione sia post-esilica non convince del tutto dato che la funzione circostanziale del participio senza articolo è usuale in ebraico, ad esempio in וַיִּמְצָא אָנִיָּה בָּאָה תַרְשִׁישׁ "e trovò una nave *che stava andando* (letteralmente: 'mentre stava andando') a Tarsis" (1,3c); cf. S.R. Driver, *A Treatise on the Use of the Tenses in Hebrew and Some Other Syntactical Questions*, Oxford 1892, § 160.

[18] In 1,6e-f אֱלֹהִים può intendersi come plurale, "dèi", o come singolare, "dio" (*plurale maiestatis*). Ma poiché il verbo è al singolare, la seconda possibilità è da preferire.

[19] Nella sequenza 'imperativo → wᵉyiqtol', la forma wᵉyiqtol può essere coordinata o subordinata all'imperativo. Anche qui la decisione viene da motivi semantici. Si veda la discussione in *Sintassi*, § 61. Quando è subordinato, wᵉyiqtol indica lo scopo del comando: 'fa' questo *affinché*…'. Invece la sequenza 'imperativo → wᵉqatal' non indica lo scopo voluto ma una semplice conseguenza prevista ('fa' questo *e così*…'; cf. § 3.1, num. 6 e 8). Si può consultare A. Niccacci, "Basic Facts and Theory of the Biblical Hebrew Verb System in Prose", in: van Wolde (ed.), *Narrative Syntax and the Hebrew Bible*, § 6.

[20] Equivalente a בַּאֲשֶׁר לְמִי (1,8c): "a causa di chi è (nel senso di 'viene, avviene') a noi questa calamità". Se la domanda si riferisse all'asse del passato o a quello del futuro invece che a quello del presente, sarebbe necessaria una voce del verbo היה (cf. 4,5f).

grammaticale. In altre parole, la proposizione senza verbo finito si trova inglobata in una proposizione sovraordinata interrogativa[21]. Quest'ultima è una proposizione interrogativa specifica, nel senso che quello che i marinai si chiedono è *"a causa di chi* soffriamo questa calamità", non il venire della calamità in sé, per cui sintatticamente la proposizione è marcata (o scissa), non piana[22].

1,8-9

Come 1,7e, le cinque proposizioni interrogative 1,8c-g presentano lo stesso schema 'predicato sintattico - soggetto sintattico':

2) Soggetto (elemento dato)	1) Predicato (elemento nuovo)
(c) הָרָעָה הַזֹּאת לָנוּ	בַּאֲשֶׁר לְמִי־[23]
(d) מְלַאכְתְּךָ	מַה־
(e) תָּבוֹא	וּמֵאַיִן[24]
(f) אַרְצֶךָ	מַה
(g) אָתָּה	וְאֵי־מִזֶּה עַם

---

[21] Questo viene spiegato in A. Niccacci, "Marked Syntactical Structures in Biblical Greek in Comparison with Biblical Hebrew", *LA* 43 (1993) 9-69, § 3, e in "Basic Facts"*,* § 8.

[22] Le proposizioni interrogative specifiche non riguardano un evento in sé – com'è il caso delle interrogative generiche, ad esempio: 'Viene la tempesta?' – ma un dettaglio dell'evento stesso: '*A causa di chi* (oppure: *perché, quando*, ecc.) viene la tempesta?'. Le interrogative specifiche sono costruite secondo lo schema 'predicato sintattico (o elemento nuovo, che è il pronome o l'avverbio interrogativo) + soggetto sintattico (o elemento dato, che è il resto della frase); sono quindi per natura proposizioni scisse. In ebraico le proposizioni interrogative piane sono introdotte dalla particella interrogativa הֲ. Sull'argomento si può consultare T. Givón, *Syntax. A Functional-Typological Introduction*, Vol. II, Amsterdam - Philadelphia 1990, § 18.4.2.4. In Niccacci, "Marked Syntactical Structures", §§ 1-3 e 5, sono elencati quattro tipi di proposizione scissa (o "cleft sentence") nell'ebraico biblico, tra cui la proposizione interrogativa specifica, e le corrispondenti strutture del greco biblico. Per la lingua italiana si consulti L. Serianni, *Grammatica italiana. Italiano comune e lingua letteraria. Con la collaborazione di Alberto Castelvecchi*, Torino 1989, 569; L. Renzi, *Grande grammatica italiana di consultazione. I: La frase. I sintagmi nominale e preposizionale*, Bologna 1988, 45 (cf. l'indice alla fine del vol. III).

[23] Come già detto, il costrutto בַּאֲשֶׁר לְ־ equivale a בְּשֶׁל־ (1,7e; 1,12f). Mi sembra ricercato affermare – come fa G.M. Landes, "Textual 'Information Gaps' and 'Dissonances' in the Interpretation of the Book of Jonah", in: R. Chazan - W.W. Hallo - L.H. Schiffman (edd.), *Ki Baruch Hu. Ancient Near Eastern, Biblical, and Judaic Studies in Honor of Baruch A. Levine*, Winona Lake 1999, 273-293, spec. 278 – che la variazione delle due forme del pronome relativo dipenda dal fatto che i marinai parlavano il dialetto del nord mentre Giona quello del sud, anche perché nella Bibbia ebraica le due forme vengono usate entrambe, eccetto nel Cantico dei cantici che usa solo שֶׁ־; cf. l'esposizione di I. Young, *Diversity in Pre-Exilic Hebrew*, Tübingen 1993, 163.

[24] L'uso di yiqtol del verbo בוא "venire" dopo מֵאַיִן "da dove?" sembra essere idiomatico, nel senso che esprime sorpresa o incertezza. In altre occorrenze della stessa espressione lo yiqtol è prevalente (Gs 9,8; Gdc 17,9; 19,17; 2 Re 20,14; Gb 1,7), ma compaiono anche qatal

In questa serie di proposizioni interrogative il posto del predicato è occupato da un pronome (c-d; f), da un avverbio (e) e da un sintagma nominale (aggettivo + nome: g), mentre nel posto del soggetto compaiono diverse costruzioni: una proposizione senza verbo finito (c), un nome (d; f), un verbo finito (e) e un pronome personale (g). Per il principio della sostituzione paradigmatica, in queste costruzioni il nome svolge la medesima funzione del verbo finito, e così la proposizione senza verbo finito. Tutte svolgono la funzione del soggetto sintattico, cioè dell'elemento dato, che funge da supporto del predicato sintattico che comunica l'informazione nuova. Risulta che la proposizione interrogativa specifica costituisce il luogo testuale più chiaro per provare che la proposizione del tipo 'x-verbo finito' è funzionalmente, cioè sintatticamente, nominale benché contenga un verbo finito. In altre parole, il verbo finito è nominalizzato sintatticamente, benché non grammaticalmente, per il semplice motivo di occupare la seconda posizione nella proposizione, per cui la costruzione è scissa (cf. 1,7e).

La risposta di Giona (1,9) segue il medesimo schema della domanda (1,8): 'predicato sintattico - soggetto sintattico':

2) Soggetto	1) Predicato
(b) אָנֹכִי	עִבְרִי
(c) אֲנִי יָרֵא	וְאֶת־יְהוָה אֱלֹהֵי הַשָּׁמַיִם

In 1,12f la risposta alla domanda di 1,8c segue anch'essa lo schema 'predicato sintattico - soggetto sintattico':

2) Soggetto	1) Predicato
הַסַּעַר הַגָּדוֹל הַזֶּה עֲלֵיכֶם	בְּשֶׁלִּי

La risposta mostra, nel posto del predicato, un termine generale: "ebreo", e due complementi con termini particolari: "il Signore Dio del cielo" (1,9c), "per causa mia" (1,12f). Nel primo caso la proposizione senza verbo finito è predicativa e piana, in quanto un termine generale è, per sua natura, capace di fungere da predicato: "io sono ebreo"[25]; negli altri due casi invece la proposizione è marcata e scissa, perché un termine particolare, che per sua natura funge da soggetto o da complemento, viene promosso alla funzione di

(Gen 42,7) e un semplice pronome (Gen 42,7; Gs 2,4). Analogamente אֵי־מִזֶּה "da quale...? / da dove?" è seguito da yiqtol (2 Sam 1,3; Gb 2,2), da qatal (Gen 16,8) o da un pronome (1 Sam 25,11; 30,13; 2 Sam 1,13; 2 Sam 15,2). Anche in questi casi, come nelle proposizioni interrogative specifiche (cf. nota 22), il verbo finito è usato con funzione nominale, tanto che può essere sostituito da un nome o pronome.

[25] La Settanta ha invece: "Io sono un servo del Signore". Nell'AT gli Israeliti si qualificavano o venivano qualificati come "ebrei" solo quando trattavano con stranieri (cf. Gen 14,13; 39,14.17; 40,15 ecc.).

predicato e quindi su di esso cade l'enfasi: lett. "*è* il Signore… *che* io temo", "*è* per causa mia *che* questa grande minaccia sta sopra di voi"[26].

Quanto al senso, vari interpreti, anche antichi, trovano ridondante la domanda a Giona in 1,8b-c, dato che i marinai già sapevano, dalla sorte, chi era la causa della tempesta (1,7). Forse però i marinai agiscono per desiderio di onestà, per appurare ad ogni costo la verità. Un desiderio analogo essi mostrano anche nel seguito del racconto, quando fanno ogni sforzo per riportare la nave a terra (1,13), benché Giona li abbia invitati a gettarlo in mare come mezzo per far cessare la tempesta (1,12), e quando pregano Dio di non imputare a loro sangue innocente nel momento in cui si accingono ad eseguire l'invito del profeta (1,14)[27].

1,10

La proposizione interrogativa in 1,10c segue lo schema della domanda specifica come in 1,8:

2) Soggetto	1) Predicato
(c) זֹאת עָשִׂיתָ	מַה־

Letteralmente, "Cosa è ('vuol dire') il-fatto-che-hai-fatto-questo?". Il soggetto sintattico è una proposizione completa, con oggetto diretto e verbo finito, inglobata in una proposizione interrogativa sovraordinata (cf. 1,7e).

Dal punto di vista sintattico, le proposizioni (d-f) comunicano informazioni di sfondo collegate ai wayyiqtol che precedono (a-b). Dal punto di vista semantico, esse non sono coordinate ma (e) e (f) sono subordinate a (d). Più esattamente la proposizione (e) è oggetto del verbo יד˓ di (d), mentre (f) è proposizione causale riferita a (d), che a sua volta è proposizione causale riferita a (b). Inoltre (e) è una proposizione scissa a motivo dell'ordine delle

---

[26] Cf. A. Niccacci, "Simple Nominal Clause (SNC) or Verbless Clause in Biblical Hebrew Prose", *ZAH* 6 (1993) 216-227, spec. 216-219. Il criterio "universale / particolare" è fondamentale non solo nelle proposizioni senza verbo finito ma anche in quelle con verbo finito. La situazione è analoga in ambedue. In altre parole, quando il predicato sintattico è rappresentato da un elemento che è atteso con questa funzione, com'è il caso del verbo e di un termine generico/universale (ambedue si possono "predicare" di vari soggetti), la proposizione è predicativa e piana, ogni elemento svolge la funzione attesa e l'informazione viene data in termini generali: si comunica, cioè, l'evento in sé, in modo complessivo. Quando invece il predicato sintattico è costituito da un elemento che non è atteso in questa funzione, com'è un termine particolare o non verbale, allora la proposizione è marcata e scissa; comunica cioè un dettaglio dell'informazione principale: chi, che cosa, come, quando ecc., secondo i casi (cf. nota 22). Si può consultare anche la discussione di Niccacci, "Basic Facts", § 8.

[27] Non sembra perciò consigliabile tradurre con Sasson, *Jonah*: "Tell us, you who are responsible for this calamity of ours…" (con discussione nelle pp. 112-113). Per quanto l'interpretazione di esegeti giudaici antichi come Rashi e Radak vada in quella direzione (cf. Rosenberg, *The Twelve Prophets*, I, 183), è almeno improbabile che l'espressione בַּאֲשֶׁר לְמִי possa essere tradotta "you who are responsible for".

parole, in quanto il sintagma preposizionale מִלִּפְנֵי יְהוָה precede la proposizione senza verbo finito הוּא בֹרֵחַ, "*era dalla presenza del Signore che egli fuggiva*"[28]. Si capisce che 1,9 non riporta per intero la risposta di Giona alle domande dei marinai ma solo la parte circa la sua identità e la sua fede; il resto viene riferito indirettamente in 1,10d-f con forme di sfondo[29].

1,11-12

La proposizione interrogativa 1,11b è simile a 1,10c, con la differenza che il verbo finito non ha qui un oggetto diretto proprio ma regge il pronome interrogativo.

La forma w\ᵉyiqtol (1,11c) è uno iussivo indiretto con funzione di scopo: "*affinché* il mare si plachi". Lo stesso in 1,12d (cf. *supra*, § 3.1, num. 6, e nota 19).

1,13

Prima di seguire il consiglio di Giona i marinai fanno ogni sforzo per riportare a terra la nave. Il verbo חתר è usato per sfondare una parete (Ez 8,8; 12.5.7.12), case (Gb 24,16) o addirittura lo sheol (Am 9,2). Significa dunque fare forza contro un ostacolo per aprirsi un passaggio: in questo caso nelle onde minacciose che trascinavano la nave al largo. I marinai vengono presentati perciò sotto luce molto positiva, come poi i Niniviti (3,5) e persino il re della città (3,6-9)[30].

1,14

Le proposizioni (d-e) sono costrutti volitivi negativi[31] coordinati. Loro corrispondenti positivi sono l'imperativo o lo yiqtol iussivo.

---

[28] In ebraico biblico l'ordine normale della proposizione principale predicativa è predicato-soggetto - complemento. Quando questo ordine viene modificato, ad esempio quando un complemento compare al primo posto, cambia in genere la funzione della proposizione. Le possibilità sono due: il complemento costituisce l'informazione nuova ed è perciò il predicato sintattico, come nel caso che stiamo trattando, oppure la proposizione nel suo complesso è dipendente dal punto di vista sintattico. L'ordine soggetto-predicato si verifica anche nella proposizione principale presentativa (diversa da quella predicativa; cf. nota 62). Per i dettagli si può consultare Niccacci, "Simple Nominal Clause (SNC)", 220-223, e "Marked Syntactical Structures", § 7.3.

[29] Il costrutto כִּי הִגִּיד לָהֶם "poiché glielo aveva detto", con analoga funzione di comunicare un'informazione non in discorso diretto ma in forma indiretta, si trova anche in Est 3,4.7; 8,1.

[30] Si noterà anche il progresso da semplice timore al timore del Signore: "allora i marinai furono presi *da timore*" (1,5a), "allora quegli uomini furono presi *da grande timore*" (1,9d), "allora quegli uomini furono presi *da grande timore per il Signore*, offrirono un sacrificio al Signore e fecero voti" (1,16).

[31] Con אַל / וְאַל + yiqtol, mentre i costrutti negativi indicativi sono formati con לֹא / וְלֹא + yiqtol.

1,14g-h costituisce una proposizione duplice con protasi (g) e apodosi (h)[32]. Il precedente pronome personale (f) è un *casus pendens* (o elemento trasposto), dato che g-h costituisce un costrutto completo dal punto di vista grammaticale e sintattico; letteralmente, "poiché *quanto a te*, o Signore, come a te è piaciuto hai fatto"[33].

3.3 *Preghiera di Giona (2,2-11)*

La preghiera, o Salmo, di Giona è inquadrata da forme narrative che la introducono: "Allora Giona pregò il Signore... e disse" (2,2-3), e ne segnalano il risultato: "Allora il Signore ordinò al pesce ed esso vomitò Giona sulla terraferma" (2,11). In questo modo la preghiera viene agganciata alla linea principale del racconto e occupa il livello del discorso diretto. Nell'analisi che segue le peculiarità del linguaggio poetico[34] verranno valutate nel quadro del sistema verbale ebraico, specificamente nel discorso diretto (cf. *supra*, § 3.1).

Nella parte in poesia (2,3b-10) le suddivisioni del testo, segnate con lettere (a, b, c, ecc.) non costituiscono sempre proposizioni complete, come avviene invece nella parte in prosa, ma indicano gli stichi che compongono i versi e le strofe.

2,3

Quanto alla struttura grammaticale, i quattro stichi (b-e) mostrano una composizione chiastica: (b) verbo-x, (c) x-verbo, (d) x-verbo, (e) verbo-x ('x' indica un elemento non verbale). Lo stico (b) inizia con un qatal, come avviene nel discorso diretto che si colloca nell'asse del passato; ad esso corrisponde in (c) un wayyiqtol, che del qatal è la forma coordinata di continuazione (cf. § 3.1, num. 2). A motivo della segmentazione dell'informazione, caratteristica della poesia (cf. § 3.1), gli stichi (d-e) non presentano altri wayyiqtol di continuazione, come sarebbe normale nella prosa, ma, rispettivamente, x-qatal e qatal.

Quanto al lessico, i quattro stichi mostrano un parallelismo alterno: (b) "ho invocato" // (d) "ho implorato", (c) "ed Egli mi ha risposto" // (e) "hai ascoltato la mia voce". Si noterà anche il passaggio dalla terza persona in (c)

---

[32] Sulla tipologia della proposizione duplice, o "schema sintattico a due membri (protasi-apodosi)", vedi *Sintassi,* cap. VIII.

[33] Sullo stato sintattico del *casus pendens*, equivalente a quello della protasi esplicita, si può consultare *Sintassi*, §§ 119-120; *Lettura*, § 4.4; "Finite Verb", 436-438.

[34] Tra i migliori studi sulla poesia ebraico-biblica in generale e sulle sue caratteristiche cito W.G.E. Watson, *Classical Hebrew Poetry. A Guide to Its Techniques*, 2 ed., Sheffield 1986; A. Berlin, *The Dynamics of Biblical Parallelism*, Bloomington 1985.

alla seconda in (e) con riferimento a Dio, un fenomeno non raro nei Salmi[35]. L'indirizzo in seconda persona continua in 2,4-7, mentre in 2,8 compare un nuovo passaggio dalla terza persona (b) alla seconda (c-d) e in 2,10 il passaggio inverso dalla seconda (a) alla terza (c).

2,4

La preposizione *bet* che regge בְּלְבַב יַמִּים dello stico (b) modifica anche מְצוּלָה dello stico (a)[36]; oppure il secondo termine è accusativo con funzione avverbiale (cf. 4,1a.4b.6c.9d)[37].

Il wayyiqtol וַתַּשְׁלִיכֵנִי (a) è forma verbale di continuazione del precedente qatal שְׁמַעְתָּ (2,3d). La sequenza (x-) qatal → wayyiqtol indica che l'autore intende collegare le due informazioni; in questo caso: "hai ascoltato la mia voce - e mi hai gettato nella profondità". Come interpretare questa sequenza che suona contraddittoria? Per rispondere a questa domanda è utile considerare tutte le occorrenze della sequenza (x-) qatal → wayyiqtol nella preghiera di Giona:

- 1) קָרָאתִי "ho invocato (il Signore)" → וַיַּעֲנֵנִי "ed egli mi ha risposto" (2,3b → c)
- 2) שִׁוַּעְתִּי / שָׁמַעְתָּ "ho implorato / hai ascoltato (la mia voce)" → וַתַּשְׁלִיכֵנִי "in verità tu mi hai gettato nella profondità" (2,3d-e → 2,4a)
- 3) יְרַדְתִּי / אֲפָפוּנִי "mi hanno accerchiato / (fino alle radici dei monti) sono sceso" → וַתַּעַל "e hai fatto risalire (dalla fossa la mia vita)" (2,6a/7a → c)
- 4) זָכַרְתִּי "(il Signore) ho ricordato" → וַתָּבוֹא "e (la mia preghiera) è giunta (fino a te)" (2,8b → c).

Nei quattro casi l'azione con qatal riguarda l'orante mentre quella con wayyiqtol riguarda Dio. Se qualifichiamo come positiva o negativa le azioni elencate, otteniamo lo schema seguente: 1) positiva - positiva, 2) positiva - negativa, 3) negativa - positiva, 4) positiva - positiva. Questa tessitura stilistica suggerisce, da un lato, che è Dio che ha mandato sia il pericolo che la liberazione (2-3); dall'altro, che anche nel pericolo l'orante non ha perduto la fiducia nel suo Dio, il quale è "clemente e misericordioso, lento all'ira e grande nella benevolenza e che si pente della calamità (che ha deciso di mandare sulle sue

---

[35] Così, ad esempio, in Sal 9,2.10.34; cf. Cortese - Niccacci, "L'attesa dei poveri non sarà vana", note 16 e 75.

[36] È il fenomeno del "doppio modificatore", o "ellissi", per cui un elemento grammaticale che modifica due o più stichi paralleli compare solo in uno, e non sempre nel primo; cf. Watson, *Classical Hebrew Poetry*, 214; 303-306 (cf. p. 391, vari tipi di "double-duty modifier" e di "ellipsis").

[37] Detto anche "accusativo indiretto"; cf. Joüon-Muraoka, § 126. Gio 2,4d-e è identico a Sal 42,8b.

creature)" (4,2; vedi *infra*, 2,5). Alla luce di queste considerazioni la sequenza di 2,3-4a si può intendere: "hai ascoltato la mia voce. *In verità* mi hai gettato nella profondità…". Questa sequenza, in sé illogica, invita dunque a leggere oltre per comprendere la dinamica complessiva della situazione.

Il costrutto x-yiqtol יְסֹבְבֵנִי וְנָהָר (c), parallelo al wayyiqtol וַתַּשְׁלִיכֵנִי (a), si riferisce all'asse del passato e comunica un'informazione di livello secondario, quanto alla sintassi, e descrittiva, indicante uno stato continuato, quanto alla semantica (aspetto dell'azione). In italiano si traduce perciò con l'imperfetto: "mi hai gettato nella profondità… / *mentre* un torrente *mi circondava*"[38]. È un buon esempio di parallelismo bidimensionale o meristico (cf. *supra*, § 3.1).

2,5

Il costrutto waw-x-qatal וַאֲנִי אָמַרְתִּי (a) è legato al wayyiqtol di 2,4a, di cui costituisce lo sfondo. Ne risulta una transizione temporale di tipo wayyiqtol → waw-x-qatal (§ 3.1, num. 2), che qui ha la funzione di presentare le due informazioni come non successive l'una all'altra ma piuttosto collegate e quasi contemporanee, esattamente la seconda come reazione alla prima. Per questo ho tradotto: "In verità tu mi hai gettato nella profondità… *E io, da parte mia*, dissi…".

La particella אַךְ "tuttavia" (c) segnala una forte contrapposizione con ciò che precede: l'orante non perde la fiducia di essere liberato dalla situazione disperata in cui si trova e di poter ancora contemplare il Tempio del Signore. L'espressione "continuerò a *contemplare* / il tuo santo Tempio" (oppure, tenuto conto della

---

[38] Si confronti l'analisi di F.M. Cross, "Studies in the Structure of Hebrew Verse: The Prosody of the Psalm of Jonah", in: H.B. Huffmon - F.A. Spina - A.R.W. Green (edd.), *The Quest for the Kingdom of God. Studies in Honor of George E. Mendenhall,* Winona Lake 1983, 159-167. Secondo l'abitudine sua e di D.N. Freedman, Cross elimina le congiunzioni e le altre particelle come superflue in poesia. Ad esempio, nel v. 4 tralascia quello che egli chiama "conjunctive *waw*" in וַתַּשְׁלִיכֵנִי, benché si tratti del cosiddetto "waw inversivo", mentre lo conserva in וַתַּעַל nel v. 7c. Commenta: "The prefix conjugation (without *waw*), used in the past narrative sense, is found in v 4 (*ysbbny* parallel to *'brw*), and v 6 (*ysbbny* parallel to *'ppwny*)" (p. 161). Cross ritiene inoltre che i vv. 3-7, a differenza dei vv. 8-10, siano antichi perché riflettono lo stile arcaico cananeo, in particolare il parallelismo qatal // yiqtol, e presentano poche caratteristiche "prosaiche". Direi però che i suoi criteri per identificare il poetico e il prosaico sono piuttosto arbitrari. Va ricordato anche uno studio un po' particolare su tutto il libro di Giona: D.L. Christensen, "Narrative Poetics and the Interpretation of the Book of Jonah", in: E.R. Follis (ed.), *Directions in Biblical Poetry*, Sheffield 1987, 29-49. Secondo Christensen, il libro di Giona è "a narrative poem" e il Salmo di Giona "an integral part of the structural design of the book of Jonah as a whole and not a secondary insertion, as is often claimed" (p. 45). Da parte sua, K.A.D. Smelik, "The Literary Function of Poetical Passages in Biblical Narrative. The Case of Jonah 2:3-10", in: J. Dyk (ed.), *Give Ear to My Words. Psalms and Other Poetry in and around the Hebrew Bible. Essays in Honour of N.A. van Uchelen,* Amsterdam 1996, 147-151, non solo critica l'opinione che considera i brani poetici come non originali nelle narrazioni bibliche, ma anche assume il Salmo di Giona come punto di partenza per interpretare il profeta in quanto carattere letterario.

situazione in cui l'orante si trova: "continuerò a *guardare* / *verso* il tuo Tempio santo") è una forte dichiarazione di fiducia nella bontà del Signore[39].

2,6

La descrizione della situazione di pericolo estremo fa leva su due termini paralleli: נֶפֶשׁ nel senso di "gola"[40] (a) e "testa" (c). Lo stico centrale ripete quasi alla lettera 2,4c, salvo תְּהוֹם "abisso" al posto di נָהָר "torrente". Presenta lo stesso verbo יְסֹבְבֵנִי, parallelo a un qatal אֲפָפוּנִי (a), e quindi lo stesso tipo di parallelismo di 2,4a.c: "mi hanno accerchiato acque // mentre l'abisso mi circondava". Lo stico 2,6c è una proposizione non verbale che nell'asse del passato indica contemporaneità e corrisponde all'imperfetto italiano (cf. § 3.1, num. 2)[41].

2,7

L'espressione לְקִצְבֵי הָרִים "alle radici dei monti" (a)[42], come anche il termine "abisso" in 2,6b, designa una realtà che si trova oltre il mondo umano.

---

[39] Non c'è ragione per modificare il testo seguendo Teodozione e leggere אֵיךְ "come" (πῶς) invece di אַךְ, come si fa comunemente, ad es. H.-P. Mathys, *Dichter und Beter. Theologen aus spätalttestamentlicher Zeit*, Göttingen 1994, 218: "Wie werde ich je wieder schauen deinen heiligen Tempel?". Si veda la discussione di D. Barthélemy, *Critique textuelle de l'Ancien Testament, 3: Ezéchiel, Daniel et les 12 prophètes*, Fribourg-Suisse - Göttingen 1992, 708-709. Come già notava Keil, "The thought that it is all over with him is met by the confidence of faith that he will still look to the holy temple of the Lord, that is to say, will once more approach the presence of the Lord, to worship before Him in His temple,—an assurance which recals Ps. 5:8": C.F. Keil, *Jonah*: in: C.F. Keil - F. Delitzsch, *Commentary on the Old Testament in Ten Volumes, Volume 10: Minor Prophets*, Grand Rapids (Michigan) 1980, 401. Un'opinione simile è stata espressa da A.S. van der Woude, "Bemerkungen zu einigen umstrittenen Stellen im Zwölfprophetenbuch", in: A. Caquot - M. Delcor (edd.), *Mélanges bibliques et orientaux en l'honneur de M. Henri Cazelles*, Kevelaer-Neukirchen-Vluyn 1981, 483-499, spec. 490. Come nota van der Woude, nel Salmo di Giona i motivi del pericolo ("Not") e della liberazione ("Rettung") non sono trattati separatamente uno dopo l'altro, ma congiuntamente; si vedano i vv. 4-5a.5b, 6-7a-b.7c e 8a.8b-d. Si confronti anche la traduzione di Simon, *Jona*: "aber ich werde weiter schauen zur Halle deines Heiligtums" (p. 91). Simon rimanda al Sal 31,23 per una simile opposizione tra disperazione umana e provvidenza divina (p. 100), e cita il Sal 27, come parallelo per il desiderio di vedere il Tempio (p. 101).

[40] Per questo senso di נֶפֶשׁ, si veda M. Dahood, *Psalms III: 101-150*, Garden City 1970, 56 ("throat, neck, gullet", in Sal 105,18).

[41] Il termine סוּף "canna" (dall'antico egiziano *ṯwfy* "canna di papiro") richiama la storia di Mosè in Es 2-3; cf. A. Niccacci, "Sullo sfondo egiziano di Esodo 1-15", *LA* 36 (1986) 7-43, spec. 12-14. Molti autori scoprono nel libro di Giona sottili allusioni a vari passi della Bibbia e cercano di valutarne il significato; si vedano, tra gli altri, J. Magonet, *Form and Meaning. Studies in Literary Techniques in the Book of Jonah*, 2 ed., Sheffield 1983, e Craig, "Jonah in Recent Research", 102-104. Sui diversi modi di tradurre סוּף nelle versioni antiche, si può consultare Almbladh, *Studies*, 28.

[42] Simon, *Jona*, 101-102 cita la stessa espressione in Sir 16,23 (passo numerato anche come 16,17 o 16,19), dove compare in parallelo con יסודי תבל "le fondazioni del mondo". Egli nota anche le connessioni tra le radici delle montagne e il regno della morte. Si veda la nota seguente.

In questo contesto הָאָרֶץ può avere il senso di "mondo sotterraneo, oltretomba" come in altri casi in cui viene utilizzato un simile linguaggio mitologico[43].

Nello stico (b) הָאָרֶץ è *casus pendens* (o elemento trasposto a destra), come suggerisce il pronome di ripresa in בְּרִחֶיהָ; letteralmente: "*quanto alla terra/all'oltretomba*, le sue sbarre erano dietro di me"[44].

2,9

L'espressione מְשַׁמְּרִים הַבְלֵי־שָׁוְא "coloro che osservano/venerano vanità inutili" designa i cultori degli idoli, cioè delle divinità dei popoli circostanti a Israele. Il verbo שׁמר è attestato nel senso di "venerare, rendere culto", ma solo qui al piel; cf. שָׂנֵאתִי הַשֹּׁמְרִים הַבְלֵי־שָׁוְא וַאֲנִי אֶל־יְהוָה בָּטָחְתִּי "odio quelli che venerano vanità inutili; / io invece nel Signore ho confidato" (Sal 31,7)[45].

I due stichi presentano una disposizione chiastica degli elementi: verbo (participio) - oggetto (a), oggetto - verbo (yiqtol) (b). Si sottolinea così la contrapposizione delle due coppie di termini che si corrispondono: "osservare/venerare // abbandonare", due verbi che si utilizzano spesso insieme, anche in riferimento a Dio e/o alla sua Legge (cf. Ger 16,11; Os 4,10); e "idoli vani // la loro misericordia"[46], il che ricorda, per contrasto, Sal 37,28d: וְלֹא־יַעֲזֹב אֶת־חֲסִידָיו / לְעוֹלָם נִשְׁמָרוּ "e (il Signore) non abbandonerà i suoi santi, / in eterno sono stati custoditi"; e Sal 119,8: אֶת־חֻקֶּיךָ אֶשְׁמֹר / אַל־תַּעַזְבֵנִי עַד־מְאֹד "i tuoi precetti custodirò, / non abbandonarmi del tutto".

2,3-10

Consideriamo ora la funzione delle forme verbali in Gio 2,3-10 nel suo complesso allo scopo di comprendere la prospettiva precisa del Salmo.

---

[43]   Ad esempio, il poema di Gb 28 attribuisce all'uomo imprese titaniche, al limite delle capacità umane: "un limite ha posto alle tenebre" (v. 3), "ha rovesciato dalla radice le montagne (הָפַךְ מִשֹּׁרֶשׁ הָרִים)" (v. 9), "le sorgenti dei fiumi ha ispezionate" (v. 11). Sono espressioni che risentono del linguaggio mitologico biblico e ugaritico; cf. A. Niccacci, "Giobbe 28", *LA* 31 (1981) 29-58, spec. 42-44. Per אֶרֶץ nel senso di "mondo sotterraneo, oltretomba" si consulti Dahood, *Psalms III*, 27-28 (su Sal 103,11). Il mondo sotterraneo veniva concepito come una città con mura e porte (*ibid.*, 85, su Sal 107,18). È noto che la mentalità israelitica e cananea in generale vedevano le situazioni particolarmente pericolose della vita in termini mitologici e le associavano al regno della morte.

[44]   Questo stico viene analizzato in modo diverso dagli autori. La corretta scansione metrica e analisi si trova in Simon, *Jona*: "die Welt, ihre Riegel auf ewig vor mir" (בַּעֲדִי significa però "dietro di me"!). Nella situazione in cui si trova, Giona si sente come già entrato nell'oltretomba, senza possibilità di uscirne.

[45]   Cf. Simon, *Jona*, 103-104.

[46]   Cioè "la misericordia (di Dio) su di essi", intendendo il suffisso di חַסְדָּם come dativale, o "dative suffix" secondo la terminologia di Dahood, *Psalms III*, 376-378 (lista di esempi); oppure "la loro misericordia" che viene da Dio, come intende Rashi (cf. Rosenberg, *The Twelve Prophets*, I, 189). Ma su questo termine c'è discussione tra gli studiosi; cf. Magonet, *Form*, 46, e Simon, *Jona*, 104.

In Gio 2,3-10 l'asse del passato è prevalente. Viene indicato dalle seguenti forme verbali: qatal in prima posizione nella frase (2,3b.e; 2,6a), (waw-) x-qatal (2,3d; 2,4d-e; 2,5a; 2,7a; 2,8b) e wayyiqtol di continuazione (2,3c; 2,4a; 2,7c; 2,8c). Tutte queste forme verbali indicano la linea principale della comunicazione. La prevalenza di qatal su wayyiqtol si spiega con il fatto che, come già ricordato, la poesia non procede in modo lineare, con una serie di informazioni successive, ma in forma segmentata, con elementi paralleli che si sovrappongono (§ 3.1).

Le forme verbali di livello principale delineano la struttura di base del Salmo, che si può indicare nel modo seguente: a) preghiera ed esaudimento da parte di Dio (v. 3); b) sciagura da parte di Dio (v. 4); c) preghiera vera e propria e fiducia (v. 5); b') descrizione della sciagura e della liberazione (vv. 6-7); a') accoglimento della preghiera da parte di Dio, differenza dagli idolatri, voto e confessione dell'orante (vv. 8-10).

In parallelismo con wayyiqtol (2,4a) o con qatal (2,6a), che indicano la linea principale della comunicazione e un'informazione unica, troviamo il costrutto x-yiqtol (2,4c; 2,6b) che indica una linea secondaria e un'informazione continuata (ripetuta, abituale o descrittiva) e produce così una specie di merismo nell'asse del passato[47]. Troviamo anche la proposizione non verbale (2,6c; 2,7b), la quale comunica un'informazione contemporanea. In italiano ambedue questi aspetti (continuità e contemporaneità) vengono resi con l'imperfetto, che è forma verbale di linea secondaria.

Accanto all'asse del passato è rappresentato anche l'asse del futuro, espresso con yiqtol che indica la linea principale della comunicazione (cf. *supra*, § 3.1, num. 4-6). Lo yiqtol è iussivo (chiamato "coortativo" nella prima persona) in 2,5c e in 2,10a-b (con forma iussiva distintiva), dove esprime un voto o promessa dell'orante; è indicativo in 2,9b, dove costituisce l'apodosi di una proposizione duplice, di cui il *casus pendens* (2,9a) è la protasi. Un altro caso di proposizione duplice è 2,7b, dove הָאָרֶץ è *casus pendens* e protasi mentre il resto dello stico, che è una proposizione non verbale, costituisce l'apodosi. In 2,7 la proposizione duplice si riferisce all'asse del passato.

L'asse del presente compare solo alla fine in una breve professione di fede (2,10c).

L'asse del passato serve a raccontare poeticamente l'esperienza di Giona nel mare; quello del futuro a proclamare la sua ferma fiducia di vedere ancora Dio nel suo Tempio e di offrirgli sacrifici. Così già in 2,5c-d, nello stesso tempo in cui l'orante si lamenta di essere stato gettato lontano dalla presenza di Dio (2,5b), tanto forte è la sua fiducia.

---

[47] Cf. *supra*, § 3.1 e nota 7. Per il Salmo di Giona in particolare si consulti Cross (sopra, nota 38).

Le forme verbali e le altre costruzioni non verbali suggeriscono dunque che la prospettiva del Salmo è quella del dopo la liberazione. Si può supporre che esso fu composto per essere recitato come ringraziamento davanti all'assemblea dei fedeli durante il culto nel Tempio. Si comprende facilmente che la preghiera del profeta durante la prova ebbe una prospettiva diversa[48].

Dal punto di vista dello stile poetico, si verifica una ripetuta transizione dalla terza alla seconda persona con riferimento a Dio, il quale perciò passa rapidamente dallo stato di oggetto del racconto a quello del destinatario della preghiera. Come già segnalato, il Salmo comincia con la terza persona (2,3c) e passa bruscamente alla seconda (2,3e); continua nella seconda (2,4-7), poi ritorna alla terza (2,8b) e di nuovo alla seconda (2,8c) sino all'ultimo verso, dove passa di nuovo alla terza (2,10c).

2,11

La narrazione prosegue con wayyiqtol narrativo. Il verbo וַיֹּאמֶר (a) non è seguito da un discorso diretto e ha perciò il senso di "parlare, ordinare", come in Gen 4,8 e Es 19,25[49]. I due wayyiqtol (a-b) si collegano ai due precedenti della parte in prosa che introducono la preghiera in poesia (2,2-3): "Allora Giona pregò il Signore suo Dio dal ventre del pesce e disse" → "Allora il Signore ordinò al pesce ed esso vomitò Giona sulla terraferma". Si mostra così il collegamento diretto tra la preghiera e la liberazione, come prima tra la preghiera dei marinai, il lancio in mare di Giona, la fine della tempesta e la fede dei marinai nel Dio di Israele (1,14-16). Si può dire del resto che la sequenza quasi ininterrotta di wayyiqtol invita a leggere nella prospettiva di causa-effetto, o di azione-reazione, la novella di Giona nel suo insieme.

3.4 Seconda Parola del Signore (capp. 3-4)

3,1

La seconda parte della novella inizia con la stessa formula con cui inizia la prima, ancora con un wayyiqtol che prosegue la linea principale. Il racconto perciò procede veloce, senza alcuna interruzione.

3,2

La proposizione non verbale con participio indica il presente se l'asse temporale di riferimento è quello del presente (come in 4,2g), il futuro prossimo ('stare per fare qualcosa') se è quello del futuro (come in 3,4e); indica invece contemporaneità, e quindi va tradotta con l'imperfetto, se l'asse di riferimento

---

[48] Altri affermano che il Salmo "was not written for the book but the author quoted a psalm that was used in the cult": cf. Almbladh, *Studies*, 26. Sulle difficoltà incontrate dalle versioni antiche a motivo della peculiare prospettiva del Salmo, si veda *ibid.*, 29 (su 2,7).

[49] Vedi Niccacci, "Narrative Syntax of Exodus 19-24", § 2.1.

è quello del passato (come in 2,6c; cf. § 3.1, num. 2-4). Di conseguenza lo stico (d) può essere tradotto "quello che io ti dico", "quello che sto per dirti/ti dirò", o anche "quello che io ti dicevo". Il fatto che non seguono istruzioni nuove da parte di Dio e che in 3,1 il racconto ritorna praticamente alla situazione dell'inizio potrebbe suggerire di tradurre con l'imperfetto. Ma poiché il messaggio di 3,4 ("ancora quaranta giorni e Ninive sarà distrutta!") è diverso, più preciso di quello di 1,2 ("la loro iniquità è salita alla mia presenza"), forse è meglio tradurre al futuro. Se è così, il messaggio di Dio a Ninive diventa esplicito più tardi grazie all'annuncio del profeta in 3,4[50].

3,3-4

Come altrove (1,4c; 1,5d), il costrutto waw-x-qatal (3,3c) comunica informazioni di sfondo collegate al wayyiqtol precedente: "Allora Giona si alzò e andò a Ninive; *ora Ninive era* una grande città…". Subito dopo la linea principale della narrazione continua con wayyiqtol (3,4a), per cui non si verifica una interruzione vera e propria, ma solo una pausa, nel filo del racconto.

La grandezza di Ninive viene sottolineata mediante due specificazioni avverbiali: "per il Signore" e "di un cammino di tre giorni" (מַהֲלַךְ שְׁלֹשֶׁת יָמִים, un "accusativo avverbiale"; cf. 2,4, nota 37). La prima specificazione riflette l'alta considerazione di Dio per la città (cf. 4,11 e § 3.6). Il senso della seconda è controverso, soprattutto in rapporto a ciò che segue. Per se stessa l'espressione significa che percorrere tutta la città comportava un tragitto di tre giorni. Di conseguenza la frase successiva, "Giona cominciò a entrare nella città per un cammino di un giorno (מַהֲלַךְ יוֹם אֶחָד, ugualmente un 'accusativo avverbiale')" (3,4a), indica che il profeta percorse il primo dei tre giorni necessari per portare il suo annuncio a tutta la città. In questa prospettiva, la notizia seguente (3,5) sottolinea la prontezza di Ninive ad accogliere l'annuncio del profeta: già al primo giorno![51]

---

[50] Similmente in 1,9-10 la risposta di Giona ai marinai viene completata indirettamente nel seguito del racconto.

[51] D. Marcus, "Nineveh's «Three Days' Walk» (Jonah 3:3): Another Interpretation", in: S.L. Cook - S.C. Winter (edd.), *On the Way to Nineveh. Studies in Honor of George M. Landes*, Atlanta 1999, 42-53, ha sostenuto che i numeri tre e uno (3,3c e 3,4a) non sono da prendere alla lettera ma indicano, rispettivamente, un tragitto lungo e uno breve, il che può essere vero ma nel contesto concreto non sembra necessario. Secondo Marcus poi sia il tragitto di tre giorni che quello di un giorno riguardano non la grandezza di Ninive bensì la lunghezza del tragitto che Giona doveva percorrere per arrivare alla città. Questa interpretazione non mi pare si accordi con il contesto. Infatti l'espressione "di un cammino di tre giorni" viene dopo "ora Ninive era una grande città per il Signore", e quindi è naturale che le due informazioni siano tra loro collegate. D'altra parte l'arrivo di Giona a Ninive viene nominato prima delle due informazioni appena nominate, per cui non sembra logico intendere che il tragitto di tre giorni riguardi l'andata alla città. Inoltre in 3,4 il tragitto di un giorno viene collegato all'ingresso nella città ("Giona cominciò a *entrare* nella città"!), non all'arrivo ad essa.

Il discorso diretto di 3,4d-e costituisce una proposizione duplice (cf. 1,14g-h), con אַרְבָּעִים יוֹם עוֹד[52] che funge da *casus pendens* o protasi, mentre waw + proposizione senza verbo finito (וְנִינְוֵה נֶהְפָּכֶת) funge da proposizione principale o apodosi; letteralmente, "*Quanto a* ancora quaranta giorni, Ninive sarà distrutta"[53].

3,5-8

Una serie di wayyiqtol narrativi descrive la reazione positiva dei Niniviti (3,5), poi quella del re di Ninive (3,6-7)[54]. È degno di nota che la reazione del popolo preceda quella del re. Inoltre il decreto del re prescrive quello che la gente ha già fatto: fede in Dio (3,5a), digiuno (3,5b; cf. 3,7c-f), vesti di sacco (3,5c; cf. 3,8a). Aggiunge che le disposizioni riguardano non solo gli uomini ma anche gli animali (3,7c.8a) e precisa in che cosa dovrà consistere la fede

---

[52] La Settanta ha: "ancora tre giorni", invece dei quaranta del TM. Questa lezione, ritenuta in genere secondaria (cf. ad es. Sasson, *Jonah*, 233-234) e neppure nominata in Barthélemy, *Critique textuelle de l'Ancien Testament, 3*, viene ritenuta autentica da G. Regalzi, "L'edizione critica della Bibbia ebraica: Giona come esempio", in: G. Regalzi (ed.), *Le discipline orientalistiche come scienze storiche. Atti del 1° Incontro «Orientalisti» (Roma, 6-7 Dicembre 2001)*, 2ª ed. elettronica <http://purl.org/net/orientalisti/atti2001.htm>, Roma 2003, 99-106. Uno dei motivi è che, secondo l'autore, "dalla lettura di Giona è evidente che Dio non ha in origine alcuna intenzione di lasciare una possibilità di salvezza ai Niniviti" (p. 101), affermazione che non si accorda con l'interpretazione data *infra* (§ 3.6). Sempre secondo Regalzi, mentre l'apparato critico della BHS riporta un totale di cinque varianti, di cui una sola rilevante per il senso, "le varianti che modificano il senso di Giona sono... circa trecento, secondo un computo approssimativo" (p. 100). Ora però il volume appena citato di Barthélemy discute solo tre varianti: Gio 1,8, 2,5 (cf. *infra*, nota 39) e 3,8, e conclude che nessuna è superiore al TM. È bene cercare di capire la logica del testo, evitando per quanto possibile di imporre la propria, prima di concludere che certi passi siano "incomprensibili" o che il testo sia "sgangherato" o "guasto". Quanto poi all'importanza che Regalzi accorda all'intenzione dell'"autore" e al testo "originale", si dovrà tener conto del fatto che i testi biblici sono stati utilizzati, rivisti e aggiornati dalle comunità credenti lungo i secoli. E perciò l'identificazione dell'autore e dell'originale si complica.

[53] Si confronti Gen 40,13 (= 40,19): בְּעוֹד שְׁלֹשֶׁת יָמִים (protasi) + יִשָּׂא פַרְעֹה אֶת־רֹאשֶׁךָ "fra tre giorni, il Faraone solleverà la tua testa". Alla luce di questo testo, אַרְבָּעִים יוֹם del nostro passo non è soggetto del 'quasi verbo' עוֹד ma è usato come avverbio, cioè come se fosse retto dalla preposizione *bet* (cf. *supra*, nota 37). Risulta infatti che עוֹד viene usato in due modi diversi: come 'quasi verbo', nel senso che costituisce una proposizione completa con il suffisso pronominale con cui si unisce, o con il nome che lo segue (cf. Gen 18,22; 29,9; 43,27.28; 44,14; 45,26.28, ecc.); oppure, e più spesso, viene usato come avverbio che modifica una proposizione già completa (sia con verbo finito, ad es. Gen 4,25; 8,10.12, ecc., sia senza, ad es. Gen 19,12; 29,7; 31,14; 43,6.7; 45,3; 48,7), o anche una frase preposizionale o un nome usato come avverbio che funziona da protasi (ad es. Gen 40,13.19, citati sopra, e 7,4).

[54] Non c'è motivo per tradurre il wayyiqtol di 3,6a con il piuccheperfetto, come fa ad esempio Wolff, *Dodekapropheton 3*, 118: "Das Wort hatte (nämlich) den König von Ninive erreicht". Wolff fa lo stesso in 2,1 e in 4,5, ma in tutti questi passi il wayyiqtol è narrativo, non continuativo (cf. *infra*, § 63).

in Dio: gridare a Lui e convertirsi nella speranza che la sua ira si plachi e sia evitata la sciagura minacciata (3,8b-9).

Il sintagma nominale 3,7c è un *casus pendens* con funzione di protasi[55] (letteralmente: "*Quanto all'*uomo e all'animale, al bestiame e al gregge"), mentre l'apodosi è costituita da una serie di forme verbali volitive sia negative con אַל + yiqtol (3,7d-e) che positive con w^{e}yiqtol (3,8a-c)[56]. Il costrutto waw-x-אַל + yiqtol (3,7f), per il fatto che la forma verbale vi compare al secondo posto, non è coordinato ma comunica un'informazione di sfondo rispetto alla precedente forma di primo piano אַל + yiqtol, anche se la differenza semantica apparirà qui tenue[57].

In 3,8a il soggetto di וְיִתְכַּסּוּ viene specificato dopo il complemento שַׂקִּים da הָאָדָם וְהַבְּהֵמָה. Dato che le varie forme verbali, sia prima che dopo 3,8a, hanno lo stesso soggetto, la specificazione non sarebbe necessaria; in effetti, essa non è il soggetto ma un'apposizione che lo specifica[58].

---

[55] Poiché qui non compaiono segni chiari per identificare il *casus pendens* (i criteri sono indicati in *Sintassi*, §§ 124-125), si potrebbe anche interpretare 3,7c-d come un costrutto del tipo x-yiqtol iussivo negato con אַל, di cui l'elemento 'x' sarebbe il soggetto. Tuttavia nei casi in cui è multiplo, il soggetto viene spezzato, nel senso che prima viene nominato il primo soggetto insieme al suo verbo, quindi si pone un pronome personale indipendente (di per sé non necessario) in apposizione al primo soggetto e gli altri soggetti seguono coordinati ad esso. Un esempio tipico è: וַיַּעַל אַבְרָם מִמִּצְרַיִם הוּא וְאִשְׁתּוֹ וְכָל־אֲשֶׁר־לוֹ וְלוֹט עִמּוֹ הַנֶּגְבָּה "Allora Abramo salì dall'Egitto, *lui*, sua moglie e tutto quello che possedeva, e anche Lot era con lui, verso il Neghev" (Gen 13,1). I casi in cui il soggetto multiplo non è diviso sono piuttosto rari. Si vedano, ad esempio, i passi seguenti in cui sono nominati due soggetti: Gen 22,5; Nm 16,16; 18,7; Gs 8,5.

[56] In 3,8a-c i Settanta hanno letto in modo diverso dai Masoreti le consonanti del testo: wayyiqtol invece di w^{e}yiqtol, poiché hanno tradotto con forme narrative (καί + aoristo). E alla fine del versetto hanno aggiunto λέγοντες "dicendo" per introdurre il discorso diretto di 3,9.

[57] Di regola la sequenza di forme volitive comincia con yiqtol in prima posizione (o anche in seconda, senza differenza) e continua con w^{e}yiqtol, che è la forma coordinata che prosegue la linea principale, e la forma negativa corrispondente è אַל + yiqtol. Invece x-yiqtol (cioè yiqtol in seconda posizione) nel corso del discorso (non all'inizio!) è una costruzione di livello secondario: indica cioè lo sfondo di una forma di livello principale. Si consulti *Sintassi*, §§ 61-63; cf. *supra*, § 3.1, num. 7. In 3,7f il costrutto waw-x-yiqtol (negato) ha la funzione di comunicare un'informazione che non è coordinata e quindi successiva ma, in questo caso, contemporanea: "non pascolino *e intanto* acqua non bevano", o forse meglio "*e neppure* acqua bevano". Come al solito, la funzione semantica precisa della transizione temporale va determinata in base al contesto.

[58] Abbiamo in 3,8a una costruzione parallela a quella di 3,7c-d (cf. nota 55), con la differenza che la prima è una "trasposizione a sinistra" mentre la seconda è una "trasposizione a destra" (rispettivamente "left dislocation" e "right dislocation" nella terminologia di Givón, *Syntax*, II, §§ 17.3.5-17.3.6). Si noti che nell'ebraico biblico la proposizione, sia con verbo finito che senza, è fondamentalmente una struttura con due posti essenziali che compaiono nell'ordine predicato-soggetto; cf. Niccacci, "Simple Nominal Clause", spec. 223-227, "Marked Syntactical Structures", § 8, e *supra*, nota 28.

3,9-10

Lo yiqtol che segue מִי־יוֹדֵעַ (a) è una proposizione oggettiva asindetica (cf. 2 Sam 12,22[59]; Gl 2,14) in cui מִי è il predicato sintattico e il resto è il soggetto. A sua volta il soggetto è costituito da un participio e da un verbo finito che funge da suo oggetto diretto; letteralmente: "Chi è colui-che-conosce *il-fatto-che-egli-ritornerà-indietro?*"[60]. I seguenti wᵉqatal (b-c) sono forme coordinate di continuazione e il costrutto וְלֹא + yiqtol (d) è il loro corrispondente negativo.

L'espressione "ritornerà indietro e si pentirà (וְשָׁב וְנִחַם)" (a-b) designa il cambio di decisione da parte di Dio utilizzando un linguaggio umano che ritorna anche altrove (cf. Es 32,12; Is 12,1; Ger 4,28, dove i due verbi sono negati; Gl 2,14; Sal 90,13). Il cambio viene specificato subito dopo come "tornerà dal furore della sua ira e così non periremo" (c-d)[61]. Utilizzando gli stessi due verbi, dei Niniviti si dice che "erano ritornati indietro (שָׁבוּ) dalla loro strada cattiva e perciò Dio si pentì (וַיִּנָּחֶם) della sventura che aveva detto di far loro e non la fece" (3,10).

4,1

Lo stico (a) suona letteralmente: "Ma la cosa sembrò male a Giona di un male grande". Il verbo רעע "essere male" viene usato alla terza persona maschile con valore impersonale, per lo più con la specificazione "agli occhi di" qualcuno (cf. Gen 21,11.12; 38,10; 48,17; Nm 22,34, ecc.), oppure con la preposizione *lamed*, "a, per" qualcuno (Ne 2,3.10; 13,8); solo qui con la preposizione אֶל. L'aggiunta רָעָה גְדוֹלָה ha valore avverbiale (cf. 2,4a; 4,4b.6c.9d), equivalente a מְאֹד "molto" di Gen 21,11 e Ne 13,8.

4,2

La proposizione senza verbo finito (g) è "presentativa" e segue l'ordine normale per tale costrutto, cioè soggetto grammaticale (אַתָּה) + predicato (la serie di titoli divini)[62].

---

[59] Le consonanti di 2 Sam 12,22 (ketiv) si leggono יְחָנַּנִי, allo yiqtol come nel nostro passo e in Gl 2,14, mentre i Masoreti cambiato in וְחַנַּנִי, wᵉqatal (qere), un cambio difficile da comprendere.

[60] In altri casi מִי־יוֹדֵעַ regge un nome oggetto (Sal 90,11; Pro 24,22; Qo 8,1) o una proposizione interrogativa (Qo 2,19; 6,12; Est 4,14). Sul costrutto מִי + yiqtol per esprimere un desiderio si può consultare Driver, *A Treatise*, 134 ("מִי יוֹדֵעַ = perhaps").

[61] Di per sé l'espressione "*ritornerà e si pentirà*" potrebbe essere intesa come idiomatica per "si pentirà *di nuovo*"; per questo uso si veda, ad esempio, Joüon-Muraoka, § 177b. Ma il senso proprio dei due verbi è preferibile; cf. Simon, *Jona*, 118. Il fatto che il soggetto venga nominato dopo il secondo verbo suggerisce che הָאֱלֹהִים sia in realtà apposizione del soggetto implicito, o "trasposizione a destra" (vedi nota 58).

[62] La proposizione "presentativa" si distingue da quella predicativa per il fatto che il parlante non dà una valutazione (non "predica" qualcosa) ma piuttosto descrive un fatto, una persona, o

4,4

Nella proposizione (b) il sintagma הַהֵיטֵב (composto della particella interrogativa הַ e di un infinito assoluto usato come un avverbio; cf. 2,4b; 4,1a.6c.9d) è il predicato sintattico, mentre חָרָה לְךָ è il soggetto. Si tratta anche qui di una domanda specifica in cui il predicato (cioè l'elemento nuovo) è un avverbio (cf. 1,7e; 1,8-9). Come רעע (4,1a), anche il verbo חרה "essere bruciante, essere adirato" è usato in modo impersonale; letteralmente: "Forse giustamente *la cosa è diventata bruciante per te?*".

4,5

Non è giustificato intendere וַיֵּצֵא (a) come un wayyiqtol indicante anteriorità e tradurre "ora Giona *era uscito* dalla città"[63], né spostare 4,5 dopo 3,4, benché non manchino autori che lo fanno[64]. In base alla dinamica del racconto, l'uscita di Giona dalla città segue nel tempo la constatazione che Dio non ha distrutto Ninive (3,10). È naturale intendere che questa constatazione, che tanto dispiacque al profeta, sia avvenuta alla scadenza dei quaranta giorni stabiliti (3,4). In effetti, la notizia che Dio vide la conversione dei Niniviti, si pentì della distruzione minacciata e non la eseguì (3,10), è fornita al lettore, mentre Giona sa soltanto che il termine è scaduto e la distruzione ancora non c'è stata.

anche se stesso (auto-presentazione). In ebraico si distingue dalla proposizione predicativa per l'ordine delle parole: soggetto-predicato nella presentativa, predicato-soggetto nella predicativa. L'ordine soggetto-predicato si verifica anche nella proposizione nominale quando è di linea secondaria (cf. nota 28).

[63] Un wayyiqtol indica anteriorità quando è coordinato a una costruzione x-qatal che indica anteriorità, nel qual caso si tratta di un wayyiqtol "continuativo", non narrativo (cf. *Sintassi*, § 141). Il motivo è che in ebraico la forma verbale che continua in modo coordinato un qatal non è waw + qatal ma wayyiqtol, qualunque sia la funzione del qatal stesso, cioè sia che qatal indichi il livello principale, come avviene all'inizio del discorso diretto, sia che indichi un livello secondario (cf. § 3.1, num. 2).

[64] Si veda la presentazione di Craig, "Jonah in Recent Research", 108. Il problema fu avvertito già dagli esegeti giudaici antichi. Per Ibn Ezra il nostro passo racconta quello che accadde prima dello scadere dei quaranta giorni. Radak invece commenta: "(Giona) si sedette in un luogo che era a oriente della città *fino a che vedesse...* Forse non persevereranno nella loro conversione e il decreto divino tornerà su di loro": cf. Rosenberg, *The Twelve Prophets*, I, 193-194 (ebraico). Nella sua discussione del passo, Landes, "Textual 'Information Gaps' and 'Dissonances'", 284-287, ritiene che 4,5 non debba essere spostato dopo 3,4, ma nota che la sua posizione dopo 4,4 pone un formidabile problema: dunque Giona rimase in città nonostante il pericolo? Sembra però che, a parte le considerazioni di Keil, *Jonah*, 413 (Giona era convinto che Dio non avrebbe permesso che un suo servo perisse insieme con gli empi!), questa domanda non sia giustificata in quanto esula dall'orizzonte e dalla dinamica del testo, che è tutto proteso a preparare il confronto finale tra il profeta e Dio (vedi 4,10-11). Da parte sua, G. Vanoni, "Ist wa=yiqtol im Althebräischen Ausdruck für Regreß und Korrektur?", in: R. Bartelmus - N. Nebes (edd.), *Sachverhalt und Zeitbezug. Semitistische und alttestamentliche Studien; Adolf Denz zum 65. Geburtstag*, Wiesbaden 2001, 143-150, confessa di non accettare più, come nel passato, l'idea che il wayyiqtol di 4,5 indichi anteriorità, anche se non sa bene come interpretare il passo.

Si può immaginare che egli si metta in osservazione per vedere se prima o poi la città sarebbe stata comunque distrutta. Nella dinamica del racconto, questa è la situazione ideale per la lezione finale del libro (4,10-11)[65].

Lo yiqtol in (f) punta verso la conclusione del racconto (yiqtol prospettivo), una funzione caratteristica di questa forma verbale nella narrazione (§ 3.1, num. 1)[66].

4,6

"Il Signore Dio[67] provvide (וַיְמַן)" una pianta di ricino (a), come in 2,1 un grande pesce, in 4,7a un verme e in 4,8b il vento orientale. La provvidenza aveva due scopi (4,6): procurare a Giona un'ombra aggiuntiva, oltre a quella che gli forniva la capanna (cf. 4,5)[68], e anche "liberarlo dalla sua calamità" (4,6b)[69]. Forse quest'ultima espressione non allude tanto al calore del sole, a cui la capanna poneva già rimedio, ma piuttosto al malessere interiore di Giona, quello che egli ha provato di fronte al fatto che Dio non abbia eseguito la minaccia di distruggere Ninive (3,10-4,3)[70].

Quanto alla costruzione e al senso, l'espressione "Giona gioì per la pianta di grande gioia" (4,6c: שִׂמְחָה גְדוֹלָה, usato in modo avverbiale) contrasta perfettamente "la cosa sembrò male a Giona di un male grande" (4,1a).

---

[65] La dettagliata analisi retorica di 4,5-6 (e anche di tutto il libro) di P. Trible, *Rhetorical Criticism. Context, Method and the Book of Jonah*, Minneapolis 1994, 207-225, si conclude nel modo seguente: "In short, Yhwh uses all available means of persuasion to argue for the activity of pity toward Jonah" (p. 224).

[66] Cf. *Sintassi*, § 88.

[67] Sulla funzione dei nomi divini che compaiono in 4,6-9, e nel libro di Giona in generale, in rapporto alla strategia narrativa si consulti Keil, *Jonah*, 414-415, e ultimamente C. Lichtert, "Récit et noms de Dieu dans le livre de Jonas", *Bib* 84 (2003) 247-251. Si veda anche il contributo di R. Tadiello nel presente volume (§ 4.4.4).

[68] Sembra perciò fuori luogo la domanda "che fine ha fatto la capanna?", a cui il testo non darebbe risposta secondo Regalzi, "L'edizione critica della Bibbia ebraica", 103. Altre difficoltà che questo autore scopre nel testo (*ibidem*, 104) sembrano scomparire a una lettura attenta del testo; ad es. la decisione di Dio di risparmiare Ninive viene comunicata al lettore, non al profeta; il vento orientale ha una chiara funzione, accanto a quella del sole, come sa chi ha sperimentato una tempesta di sabbia in oriente; il punto della domanda di Dio a Giona riguarda il fatto che il profeta non ha fatto nascere né crescere la pianta per la cui morte tanto si è dispiaciuto, mentre Dio è il Creatore dei Niniviti.

[69] Si noterà il gioco di parole e di suoni che risulta dalla ripetizione di צֵל "ombra" (4,5.6) e di לְהַצִּיל לֹו "per liberarlo" (4,6), al punto che la LXX unifica i due termini: τοῦ εἶναι σκιὰν ὑπεράνω τῆς κεφαλῆς αὐτοῦ τοῦ σκιάζειν αὐτῷ ἀπὸ τῶν κακῶν αὐτοῦ "perché ci fosse ombra sopra la sua testa, per fare ombra a lui dai suoi mali".

[70] Come nota acutamente Keil, *Jonah*, 414: "'from his evil,' i.e., not from the burning heat of the sun (*ab aestu solis*), from which he suffered in the hut which he had run up so hastily with twigs, but from his displeasure or vexation, the evil from which he suffered according to v. 3 (Rosenmüller, Hitzig)".

4,7

La traduzione "ma Dio provvide un verme al sorgere dell'alba il giorno dopo; esso attaccò la pianta ed essa si seccò" apparirà pesante in italiano, mentre "Dio provvide un verme... *che* attaccò il ricino ed esso si seccò", oppure "mandò un verme *a rodere* il ricino e questo si seccò" (versione CEI), appare una traduzione più idiomatica. La prima però rispetta il modo in cui l'ebraico comunica le informazioni, anche se in questo caso la differenza è minore (cf. commento a 4,5).

4,8

Il verbo וַיְהִי è seguito da una proposizione duplice (cf. 1,14g-h; 3,4d-e) composta di un sintagma preposizionale, con כְּ + infinito e soggetto, che funziona come protasi (a), e di una proposizione con wayyiqtol che funziona come apodosi (b). Dal punto di vista grammaticale la proposizione duplice è il soggetto di וַיְהִי; letteralmente: "Avvenne [predicato] {il-fatto-che appena spuntò il sole [protasi], + il Signore provvide un vento dell'Est... [apodosi]} [protasi + apodosi = soggetto]". La proposizione duplice sarebbe completa da sola e di fatto compare anche senza וַיְהִי, ma allora la sua funzione sintattica cambia, nel senso che, essendo una costruzione non verbale (cioè senza verbo finito in prima posizione), produrrebbe un'interruzione nella linea narrativa principale. Quando invece è retta da וַיְהִי la proposizione duplice diventa verbale e così continua la linea principale della narrazione[71].

"Chiese di morire", letteralmente: "chiese che il suo essere morisse", stessa frase usata per Elia nel deserto (1 Re 19,4)[72].

4,9

La risposta di Dio (b) e la risposta di Giona (d) seguono lo stesso schema sintattico 'predicato (הֵיטֵב / הַהֵיטֵב, ambedue con funzione avverbiale) - soggetto' (חָרָה־לִי / חָרָה־לָךְ; cf. 4,4b).

4,10-11

La proposizione che apre il discorso diretto, אַתָּה חַסְתָּ עַל־הַקִּיקָיוֹן (10b), richiama וַאֲנִי לֹא אָחוּס עַל־נִינְוֵה (11a) e stabilisce una forte contrapposizione tra i due soggetti grammaticali "tu... e io...". Il contesto suggerisce così che essi costituiscono l'informazione nuova delle due proposizioni e che perciò

---

[71] וַיְהִי porta avanti la linea principale della narrazione per il fatto che è un wayyiqtol. In quanto tale promuove, secondo la terminologia di Weinrich, la "testualità" del testo, cioè stabilisce connessioni tra i vari episodi che lo compongono. Viene detto perciò "macrosintattico", per distinguerlo dal וַיְהִי verbo "pieno" (cf. 1,1a). Sulle varie costruzioni attestate con וַיְהִי "macrosintattico" si può consultare Niccacci, *Sintassi*, §§ 28-36; *Lettura*, § 4.3; e "Sullo stato sintattico del verbo *hāyâ*", *LA* 40 (1990) 9-23, spec. § 6.

[72] Cf. Keil, *Jonah*, 415. La frase וַיִּשְׁאַל אֶת־נַפְשׁוֹ לָמוּת equivale a rovesciare il processo della creazione, per cui "Adamo diventò un essere vivente (וַיְהִי הָאָדָם לְנֶפֶשׁ חַיָּה).

sono i predicati sintattici, mentre i due verbi finiti fungono da soggetti sintattici, per cui ambedue le proposizioni, di tipo x-qatal/yiqtol, sono marcate (o scisse, o enfatiche)[73].

Sono marcate (o scisse, o enfatiche) anche le costruzioni di tipo x-qatal di 4,10e-f, le quali pongono un accento speciale sull'elemento non verbale 'x' che precede il verbo finito; letteralmente: "*è come figlia di una notte che è nata*, ed *è come figlia di una notte che* è perita".

Il passaggio dall'asse del passato in 4,10b a quello del futuro in 4,11a avviene con una costruzione indicativa (non volitiva) di tipo waw-x-yiqtol[74].

3.5 *Valutazione linguistico-testuale (o macrosintattica)*

La novella di Giona inizia e termina con forme verbali della linea principale della narrazione, cioè con wayyiqtol. Procede rapidamente con una serie di wayyiqtol narrativi a cominciare dalla prima parola di Dio (1,1) con cui inizia a quella finale con cui si chiude (4,10). Dal punto di vista narrativo si tratta di un unico "testo" dall'inizio alla fine. Infatti le costruzioni di livello secondario sono legate e dipendono da un wayyiqtol precedente, nel senso che lo modificano o specificano, per cui forme principali e forme secondarie costituiscono delle unità sintattiche inscindibili, composte di primo piano e sfondo (cf. § 3.1, num. 1). I costrutti di livello secondario costituiscono perciò una pausa piuttosto che una "interruzione notevole della comunicazione"[75]. Servono a comunicare un commento o un'informazione circostanziale che qualifica, spiega o descrive l'informazione principale a cui è collegata.

La novella comincia direttamente *in medias res*, con nessuna informazione di preparazione (antefatto, o ambientazione del racconto; cf. nota 8). Inoltre

---

[73] Il contesto indica dunque che il costrutto x-qatal, pur trovandosi all'inizio del discorso diretto, in questo caso non è di livello principale (cf. *supra*, § 3.1, num. 2) ma è una costruzione marcata, o scissa o enfatica, in cui i ruoli grammaticali dei componenti vengono rovesciati (cf. nota 22).

[74] Lo yiqtol indicativo è una forma verbale che occupa il secondo posto nella proposizione. In questo si differenzia dallo yiqtol iussivo che normalmente occupa il primo (ma a volte anche il secondo, senza differenza). All'inizio del discorso x-yiqtol indicativo inizia il livello principale nel futuro salvo il caso, come quello che stiamo esaminando, in cui il contesto suggerisca che un'enfasi speciale cade sull'elemento 'x'. Nel seguito del discorso invece un costrutto x-yiqtol, sia indicativo che iussivo, indica la linea secondaria della comunicazione (cf. *supra*, § 3.1, num. 4-7). Il motivo è che la forma coordinata che continua x-yiqtol indicativo è w^{e}qatal, mentre quella che continua x-yiqtol iussivo è w^{e}yiqtol. Si veda Niccacci, *Sintassi*, §§ 61-65; "A Neglected Point of Hebrew Syntax: Yiqtol and Position in the Sentence", *LA* 37 (1987) 7-19, spec. § 1.

[75] Non identificano perciò un nuovo "testo", secondo la definizione di H. Weinrich citata sopra, § 1.

il fatto che la catena dei wayyiqtol narrativi non sia mai interrotta rende la novella una storia compatta, come un unico episodio che avanza con velocità dall'inizio alla fine[76].

Le transizioni dal primo piano allo sfondo si verificano quando lo scrittore desidera mostrare come le diverse informazioni sono in rapporto l'una con l'altra. Indica, per esempio, che appena Giona fugge dalla presenza di Dio, Dio lo incalza nel mare con un vento da lui predisposto (1,3-4); che i marinai sono in agitazione mentre Giona dorme, apparentemente tranquillo, nella parte interna della nave (1,5); che nello stesso momento in cui Dio lo getta nelle profondità del mare, Giona lo prega con grande fiducia (2,4-5).

Le forme di sfondo servono anche a fornire al lettore certe conoscenze che i marinai avevano, ad esempio il motivo per cui parlano in un certo modo (1,10d-f). In due passi l'informazione circa il crescente infuriare del mare costituisce lo sfondo del drammatico colloquio dei marinai con Giona (1,11d.13c).

I discorsi diretti sono di grande importanza narrativa e teologica, specialmente il discorso divino che chiude la novella (4,10-11). Da un lato, la prontezza dei Niniviti ad accogliere le parole di un profeta sconosciuto contrasta con la riluttanza da parte di Giona di eseguire l'ordine del proprio Dio Yahveh. Dall'altro, la misericordia del Signore verso i Niniviti, sia uomini che animali, contrasta con la durezza di Giona (4,2.10).

La linea principale del racconto è guidata direttamente da Dio. È il suo ordine, prima rifiutato (1,1-3), poi eseguito (3,1-3), che fa muovere i passi decisivi della vicenda e segna le due suddivisioni principali del testo (capp. 1-2 e 3-4), per quanto, come detto sopra, esse siano strettamente legate dal punto di vista linguistico-testuale.

Dio è l'agente verso Giona come Giona è l'agente verso i Niniviti. La provvidenza di Dio è sottolineata mediante la quadruplice ripetizione del verbo וַיְמַן "provvide, stabilì": un grande pesce per ingoiare Giona (2,1)[77], una pianta di ricino per fare ombra sopra di lui (4,6), un verme per farla seccare (4,7), e un vento dell'est per far venir meno Giona per il grande caldo (4,8).

---

[76] I diversi "quadri narrativi" che compongono la novella sono identificabili mediante criteri narratologici. Si veda il contributo di R. Tadiello nel presente volume (§ 4).

[77] "It is obvious that it [cioè il pesce] was appointed for his [di Giona] benefit to save him from drowning" (Almbladh, *Studies*, 25). Poiché la notizia della "provvidenza" del pesce viene data con wayyiqtol a seguito delle azioni cultuali dei marinai (1,16-17), si può affermare che essa viene presentata come risposta di Dio a loro. In altre parole, il testo suggerisce che la liberazione di Giona fu la conseguenza della conversione dei marinai, la quale a sua volta fu la conseguenza dell'aperta proclamazione di fede di Giona (1,10.14). Il libro di Giona è davvero ricco di collegamenti sottili.

La sezione poetica è inglobata nella linea principale della narrazione dalle forme wayyiqtol con cui essa inizia: וַיִּתְפַּלֵּל... וַיֹּאמֶר "allora (Giona) pregò... e disse" (2,2-3), e con cui il racconto prosegue raccontando la reazione positiva di Dio: "allora il Signore ordinò al pesce ed esso vomitò Giona sulla terraferma" (2,11).

Se, come si ritiene comunemente, il libro di Giona è davvero una composizione tarda che imita il linguaggio del profeta dell'VIII secolo di cui porta il nome (cf. 2 Re 14,25), bisogna dire che dal punto di vista della sintassi si tratta di una magnifica imitazione[78].

3.6 Spunti per l'interpretazione

In conclusione il libro di Giona è una novella molto ben composta, con una splendida narratività[79]. Si sviluppa senza interruzioni dall'inizio alla fine. Termina con una domanda senza risposta e perciò, in certo senso, ancora *in medias res* com'è cominciata, senza una conclusione esplicita[80]. Questo è uno dei molti motivi per cui la sua interpretazione resta elusiva e affascinante[81].

---

[78] Sulla data del libro si può consultare Almbladh, *Studies*, 45-46, Simon, *Jona*, 67-68, e recentemente E. Ben Zvi, *Signs of Jonah. Reading and Rereading in Ancient Yehud*, Sheffield 2003, 7-8, nota 19. Come nota Almbladh, "The language of poetry was traditional, deeply rooted in ancient Canaanite tradition, and thus the old forms and modes of expression were used also in very late compositions" (*ibid.*, 46). Sembra però che, da un lato, i fenomeni lessicali e stilistici di Giona segnalati come caratteristici dell'ebraico tardo non siano davvero probanti. Dall'altro, il fatto che nel libro di Giona Ninive venga scelta come simbolo della città peccatrice che, minacciata di distruzione, si pente e viene risparmiata da Dio, sembra difficilmente conciliabile con la datazione del libro in epoca post-esilica, quando la distruzione della città (612 a.C.) era nota. Da parte sua, P. Ferguson, "Who Was the 'King of Nineveh' in Jonah 3:6?", *TynBul* 47 (1996) 301-314, ha sostenuto che la designazione "re di Ninive" si riferisce al governatore della provincia di Ninive e non è un anacronismo, come altri sostengono. Per contro, Ben Zvi, *Signs of Jonah*, costruisce la sua proposta di lettura molteplice di Giona proprio sul fatto che il lettore di epoca persiana sapeva che Ninive era stata distrutta. Ne deriva, secondo lui, una molteplicità di letture riguardanti argomenti importanti come Dio, il pentimento e il profeta. Secondo l'autore, Giona è opera di "literati" che intendessero scrivere una satira che gioca sulla duplicità, anzi molteplicità di livelli di significato. Alcuni spunti per un'interpretazione teologica differente si trova *infra*, § 3.6.

[79] Tra i vari studi secondo la prospettiva letteraria e/o della "discourse analysis" cito C.L. Collins, "From Literary Analysis to Theological Exposition: The Book of Jonah", *JOTT* 7 (1995) 28-44. Per una lettura narratologica, si veda il contributo di R. Tadiello nel presente volume (§ 4).

[80] Come nota Collins, "From Literary Analysis", il testo fa appello al lettore: "You are Jonah—what is your answer?" (p. 37). Si veda anche W.B. Croach, "To Question an End, to End a Question: Opening the Closure of the Book of Jonah", *JSOT* 62 (1994) 101-112.

[81] Si parla di conclusione aperta ("open-endedness") del libro per coinvolgere il lettore; cf. Craig, "Jonah in Recent Research", 108. Fra i tentativi recenti di valutare il messaggio teologico del libro si veda R. Lux, *Jona, Prophet zwischen 'Verweigerung' und 'Gehorsam'*,

Per quanto riguarda l'interpretazione sarà sufficiente qualche osservazione circa l'immagine di Dio che essa comunica. Abbiamo notato che l'ordine del Signore a Giona di portare a Ninive l'annuncio di punizione, ordine prima disatteso poi eseguito, segna le due parti del racconto. Il profeta obbedisce, alla fine, ma quando vede, dopo i quaranta giorni previsti nell'annuncio (3,4), che Dio non punisce la città (3,10), rimane molto irritato. Di nuovo prega Dio, come quand'era nel ventre del pesce (2,2), ma questa volta per morire, non per vivere (4,2-3). E Dio che fin qui ha risposto con i fatti alle azioni del profeta, ora dialoga con lui. Chiede: "Forse giustamente ti sei adirato?" (4,4). Sul momento Giona non risponde a parole. Esce da Ninive, si apparta sulla collina a oriente e vi costruisce una capanna per vedere da quel punto di osservazione cosa avverrà nella città (4,5): chissà, sperando ancora che prima o poi l'attesa distruzione si sarebbe verificata. E Dio provvede per lui una pianta di ricino "per liberarlo dalla sua calamità" (4,6). Giona se ne rallegra molto e pensa di essere assecondato da Dio.

Ma questa provvidenza ha uno scopo ben preciso, diverso da quello che egli immagina. Presto infatti un'altra provvidenza di Dio, un verme, fa seccare la pianta e Giona ripiomba nella disperazione e di nuovo prega Dio di farlo morire (4,9). E il Signore ripete la domanda di 4,4, questa volta in forma più precisa: "Forse giustamente ti sei adirato *per il ricino*?", e Giona risponde: "Giustamente mi sono adirato fino a morte!" (4,9). A questo punto, alla fine della novella, Dio interpreta gli avvenimenti mettendo se stesso a confronto con il suo profeta:

4,10	4,11
(a) *Tu hai avuto compassione* del ricino	(a) *E io non dovrei avere compassione* di Ninive, la grande città,
(b) per il quale non hai faticato e non l'hai cresciuto,	(b) —
(c) che in una notte è nato e in una notte è perito	(c) in cui ci sono più di centoventimila persone, di cui nessuno distingue la sua destra dalla sua sinistra, e molti animali?

L'opposizione dei due elementi (a) è evidente; si comprende anche quella degli elementi (c); manca invece in 4,11 l'elemento (b). Per recuperarlo dobbiamo prendere in considerazione altri passi, a cominciare dalla professione

Göttingen 1994, che sottolinea giustamente l'importanza della teologia della creazione, e anche J. Krašovec, "Salvation of the Rebellious Prophet Jonah and of the Penitent Heathen Sinners", *SEA* 61 (1996) 53-75.

di fede di Giona. Ai marinai pagani il profeta non fa una professione di fede in 'Yahveh che ha fatto uscire il suo popolo dall'Egitto', come avrebbe detto ai suoi connazionali, ma nel "Signore Dio del cielo, il quale ha fatto il mare e la terraferma" (1,9), cioè nel Sovrano universale che ha il potere di agire come gli piace: "come a te è piaciuto hai fatto", dicono a Lui i marinai convertiti (1,14). Un Dio però che non ha creato l'universo e poi se ne sta lontano nei cieli, bensì dirige la storia delle sue creature. È lui infatti, l'unico Signore, che manda sia il bene che il male, o piuttosto quello che agli occhi dell'uomo pare bene e male, e tutto fa per uno scopo di salvezza. Manda la tempesta spaventosa (1,4), che è occasione di conversione per i marinai (1,14.16); provvede un grande pesce per inghiottire Giona, e ciò produce la sua preghiera (cap. 2); gli ordina poi di vomitarlo sulla terraferma, e così Giona, per quanto riluttante, può portare a termine la sua missione verso i Niniviti (capp. 3-4).

Alla luce di questi passi comprendiamo che l'elemento (c), implicito in 4,11, è rappresentato dall'opera della creazione. Giona non ha faticato per la pianta né l'ha cresciuta, cioè non è il suo creatore, eppure tanto si è dispiaciuto per la sua fine, e Dio, il creatore dell'universo, non dovrebbe aver compassione di Ninive, la grande città in cui vivono oltre centoventimila sue creature? Esse sono come bambini, incapaci di 'osservare i comandi senza deviare né a destra né a sinistra' (secondo una formula frequente indirizzata agli Israeliti: cf. Dt 17,20; 28,14; Gs 1,7, ecc.) poiché neppure sanno distinguere l'una dall'altra. Per non parlare poi degli animali che sono in essa![82]

Colpisce il fatto che dei non israeliti vengano presentati in modo così positivo, e proprio in contrasto con il comportamento negativo di Giona. Di fronte alla tempesta i marinai pregano le loro divinità ma poi, a seguito della professione di fede del profeta disobbediente, sono pronti a riconoscere il suo Dio e a rendergli culto (cap. 1). I Niniviti poi, non solo accolgono prontamente, già al primo annuncio, il messaggio di minaccia che ricevono dal profeta, ma anche ne interpretano bene il senso. Benché Giona dica solo "ancora quaranta giorni e Ninive sarà distrutta" (3,4) e non aggiunga, come fanno in genere i profeti, 'Così dice il Signore: Convertitevi per essere salvati', i Niniviti comprendono che attraverso la fede in Dio e la penitenza possono essere salvi (3,5), cosa che poi il loro re sancisce con decreto (3,6-9). Anche il re di Ninive dimostra una profonda comprensione della bontà di Dio quando scrive nel suo decreto: "Chissà, forse ritornerà indietro e si pentirà, Dio; ritornerà

---

[82] Così svanisce, mi pare, l'incongruità che scopre Landes, "Textual 'Information Gaps' and 'Dissonances'", 289-291, secondo il quale il testo non spiega perché Dio dovrebbe avere pietà di Ninive. Il motivo è, appunto, che egli ne è il creatore.

dal furore della sua ira, e così non periremo" (3,9). Una comprensione che ricorda sorprendentemente quella di Mosè che prega Dio dopo l'episodio del vitello d'oro e ne ottiene il "pentimento": "Ritorna (שׁוּב) dal furore della tua ira e pèntiti (וְהִנָּחֵם) riguardo al male (che hai detto di fare) al tuo popolo... E Dio si pentì (וַיִּנָּחֶם) del male che aveva detto di fare al suo popolo" (Es 32,12.14)[83]. Inoltre per tre volte la città viene chiamata da Dio stesso come "Ninive, la grande città" (1,2; 3,2; 4,11), e il narratore dice che essa "era una grande città per il Signore" (3,3).

Il libro di Giona rivela perciò quanto le creature siano preziose agli occhi di Dio loro creatore. E non solo gli uomini ma anche gli animali, i quali vengono coinvolti negli atti di penitenza degli uomini (3,7-8) e Dio stesso li pone accanto agli uomini tra le creature degne della sua misericordia (4,11)[84]. Egli è infatti "un Dio clemente e misericordioso, lento all'ira e grande nella benevolenza e che si pente della calamità (che ha deciso di mandare sulle sue creature)" (4,2).

Questa definizione ricalca quella che Dio stesso proclama a Mosè sul Monte Sinai: "Signore, Signore, Dio misericordioso e pietoso, lento all'ira e ricco di grazia (אֵל רַחוּם וְחַנּוּן אֶרֶךְ אַפַּיִם וְרַב־חֶסֶד) e di verità" (Es 34,6). Tuttavia, nonostante la medesima terminologia, il Dio di Giona non è quello della rivelazione del Sinai ma quello della creazione. È certamente lo stesso Dio, che però si rivela in base alle sue opere, appunto la salvezza e la creazione, rispettivamente agli Israeliti suo popolo e agli altri popoli sue creature. Un Dio che manifesta una tale misericordia per tutte le creature, compreso il nemico per eccellenza del suo popolo eletto, il profeta Giona non riesce ad accettarlo, ma il libro che porta il suo nome lo proclama con forza.

La conversione della città simbolo nemica di Israele e la misericordia di Dio verso di essa sollevano problemi di interpretazione per chi analizza il libro di Giona nel contesto del "Libro dei Dodici", com'è il caso della tradizione esegetica giudaica e anche di una parte notevole di quella contemporanea. Fa difficoltà in particolare il fatto che mentre nel libro di

---

[83] Sul "pentimento" di Dio si veda J. Jeremias, *Die Reue Gottes. Aspekte alttestamentlicher Gottesvorstellung*, 2 ed., Neukirchen-Vluyn 1997. Obietterei però sulla contrapposizione che l'autore vede fra testi pre-esilici e post-esilici per quanto riguarda il legame colpa-punizione.

[84] La forza che il pentimento delle creature esercita sul Creatore è un elemento ben sottolineato da B.A. Levine, "The Place of Jonah in the History of Biblical Ideas", in: Cook - Winter (edd.), *On the Way to Nineveh*, 201-217. D'altra parte non sembra giustificata l'idea che il libro di Giona presenti, accanto al potere sovrano di Dio, il suo "capriccio" nel salvare o distruggere un popolo, come sostiene T.M. Bolin, *Freedom beyond Forgiveness. The Book of Jonah Re-Examined*, Sheffield 1997, spec. 183-184.

Giona si racconta la conversione di Ninive, nella profezia di Nahum si annuncia la sua distruzione[85].

Una soluzione di tipo letterario-teologico a questo problema può essere trovata considerando la sequenza degli scritti all'interno del "Libro dei Dodici": Abdia, Giona, Michea, Nahum. Se, come suggerito sopra (nota 8), l'invio di Giona a predicare la conversione ai Niniviti è interpretabile come conseguenza dell'affermazione della regalità universale del Dio di Israele con cui termina il libro di Abdia, Nahum potrebbe collegarsi a Michea. E il collegamento sembra costituito dagli attributi di Dio. Sia per Giona che per Nahum Dio è "lento all'ira (אֶרֶךְ אַפַּיִם)" (Gio 4,2; Na 1,3) e per Michea egli è "uno che toglie il peccato e passa sopra la colpa" (Mic 7,18). Mentre però Gio 4,2 elenca solo attributi di misericordia e senza restrizione per alcuno ("Dio clemente e misericordioso, lento all'ira e grande nella benevolenza e che si pente della calamità"), Mic 7,18, da un lato riferisce gli attributi di misericordia a Israele ("Chi è un Dio come te, che toglie il peccato / e passa sopra alla colpa / per il resto della sua eredità?"), dall'altro ammonisce la "nemica" (Assur) a non rallegrarsi della momentanea difficoltà in cui Israele si trova, poiché il Signore sarà di nuovo benevolo verso il suo popolo (Mic 7,8-10). Da parte sua Na 1,3 accanto agli attributi di misericordia nomina quelli di giustizia ("il Signore è lento all'ira e grande di forza, / perciò certo non lascerà [niente/nessuno] impunito") e su questa base annuncia la restaurazione di Giuda (Na 2) e la distruzione di Ninive (Na 3).

È probabile perciò che proprio gli attributi di Dio, sia di grazia che di giustizia, costituiscano l'elemento che collega tra loro i libri profetici nominati sopra. Sulla base della fede in Dio creatore dell'universo, Giona stabilisce con forza il principio della misericordia senza limiti, mentre Michea e Nahum annunciano sia il principio della misericordia verso il popolo eletto che quello della giustizia verso i nemici. L'applicazione del principio di misericordia verso il popolo eletto non è comunque automatico né scontato, dato che anch'esso ha peccato e perciò viene punito; Dio però susciterà un "resto" fedele con cui continuerà il rapporto di alleanza.

Emergono quindi argomenti di vitale importanza per una corretta valutazione della storia e del futuro dei popoli alla luce della fede. Compito dei

---

[85] Secondo B. Ego, "The Repentance of Nineveh in the Story of Jonah and Nahum's Prophecy of the City's Destruction: Aggadic Solutions for an Exegetical Problem in the Book of the Twelve", in: *Society of Biblical Literature 2000 Seminar Papers*, Atlanta 2000, 243-253, l'esegesi giudaica presenta tre diverse soluzioni al problema. Alcuni testi semplicemente ignorano, nel racconto biblico, il pentimento di Ninive; altri sostengono che dopo il pentimento i Niniviti tornarono a peccare; altri ancora che il loro pentimento fu ipocrita e superficiale.

veri profeti, a differenza di quelli falsi, è applicare correttamente, rispettando la sovranità di Dio sulla storia umana, i due principi che guidano l'agire divino, cioè la grazia e la giustizia, secondo i tempi e le situazioni di ogni popolo[86].

---

[86] Su questo argomento si può consultare l'esposizione di A. Niccacci, *Un profeta tra oppressori e oppressi. Analisi esegetica del capitolo 2 di Michea nel piano generale del libro*, Jerusalem 1989, 116-118.

4. Il racconto di Giona

Il libro di Giona racconta, in soli 48 versetti, la storia avvincente del profeta Giona da quando, dopo l'ordine divino di recarsi a predicare a Ninive, decide di fuggire, disobbedendo così al comando ricevuto. La caratteristica più evidente del libro profetico è di essere un testo *narrativo*, cioè un testo con una narrazione. Ciò non è una novità nella Bibbia. La narrativa, infatti, è la forma letteraria predominante sia dell'Antico come del Nuovo Testamento. Un testo è narrativo quando c'è un narratore e c'è una storia[1]. Prince, a partire dalla storia, definisce la narrativa come "la rappresentazione di avvenimenti e situazioni reali o immaginari in una sequenza temporale"[2]. Un narratore, rispetto al *continuum* dell'esperienza (reale o immaginaria), isola, seleziona, organizza in una successione temporale e secondo una qualche prospettiva e una qualche logica, e infine rappresenta mediante il linguaggio, eventi, personaggi, ambienti.

In un'opera narrativa si distingue tra un piano del *contenuto* (storia) e un piano dell'*espressione* (discorso)[3]. Questa distinzione tra contenuto e discorso ci consente ulteriori precisazioni terminologiche quali quelle di racconto e narrazione. In linea di massima distinguiamo con Genette *storia*, *racconto* e *narrazione*:

- con *storia* egli definisce il significato o il contenuto narrativo,
- con *racconto* il significante, enunciato, discorso o testo narrativo stesso,
- con *narrazione* l'atto narrativo produttore e, per estensione, l'insieme della situazione reale o fittizia in cui esso si colloca[4].

La narrazione è, dunque, l'atto del narrare in se stesso, l'enunciazione narrativa che produce il racconto, il quale ne costituisce l'oggetto. Un narra-

---

[1]   R. Scholes - R. Kellogg, *La natura della narrativa*, Bologna 1970, 4 scrivono: "Per narrativa intendiamo tutte quelle opere letterarie che sono distinte da due caratteristiche: la presenza di una storia e la presenza di un narratore. Un dramma è una storia senza narratore; vi sono dei personaggi che rappresentano direttamente ciò che Aristotele definì un''imitazione' dell'azione che troviamo nella vita. Una lirica, come un dramma, è una rappresentazione diretta in cui un unico attore, il poeta o chi per lui, canta, o medita, o parla perché noi, apertamente o di nascosto, possiamo sentirlo".

[2]   G. Prince, *Narratologia. La forma e il funzionamento della narrativa*, Parma 1984, 6.

[3]   Cf. S. Chatman, *Storia e discorso*, Parma 1987, 15.

[4]   G. Genette, *Figure III. Discorso del racconto* (Piccola biblioteca Einaudi 468), Torino 1976, 75. È difficile districarsi all'interno della terminologia usata dagli autori. La scuola formalista russa con B. Tomashevsky preferisce parlare di *fabula* (storia) e *sjužet* "soggetto" (discorso), l'italiano A. Marchese, *L'officina del racconto. Semiotica della narratività*, Milano 1983, 84-87, invece, di "storia" e "racconto" (alle volte definita "diegesi").

tore racconta (narrazione); l'oggetto della narrazione, l'argomento, riguarda personaggi, ambienti, azioni, avvenimenti (storia); la storia viene espressa mediante un discorso orale o scritto, enunciato o testo, ed è il prodotto di fronte al quale un ascoltatore o un lettore si viene a trovare (racconto o discorso narrativo)[5]. La narratologia, intesa come discorso (logos) sulla narrativa, ha come oggetto specifico della sua ricerca le dinamiche o le caratteristiche che rendono un testo una narrazione[6]. L'analisi narratologica si propone di individuare i punti distintivi dell'atto narrativo che hanno prodotto il racconto, nel nostro caso quello di Giona, nella convinzione che determinare "come" un racconto sia stato generato permetta di far luce su quello che un racconto si prefigge di comunicare all'ascoltatore o lettore.

Questo studio narratologico muove da una premessa. Il libro di Giona, oltre ad essere un testo narrativo, è a monte una forma di comunicazione verbale scritta. Come tale, esso è un messaggio organizzato secondo uno o più codici (lingua), trasmesso mediante un canale (testo scritto) da un emittente (autore) a un destinatario (lettore). Di questa definizione, che riprende in parte quella dello studioso russo Jakobson[7], voglio sottolineare due aspetti. Il primo riguarda il codice o i codici, termine generale che ingloba in sé la lingua letteraria di una data epoca (morfologia, sintassi) e l'insieme di convenzioni e di regole compositive (generi letterari, stile). Un autore-scrittore (mittente) costruisce la sua rappresentazione, la sua narrazione mimetica dell'esperienza, usando precisi codici (lingua, generi letterari, stili) che il destinatario o il lettore dovrà conoscere, almeno parzialmente, se vuole comprendere correttamente il messaggio: deve cioè possedere una cer-

---

[5]   Cf. H. Grosser, *Narrativa. Manuale/Antologia* (Leggere narrativa), Milano 1997[8], 5.

[6]   Per una presentazione del metodo narratologico cf. W. C. Booth, *The Rhetoric of Fiction*, Chicago 1983[2]; Chatman, *Storia e discorso*; Genette, *Figure III*; G. Genette, *Nuovo discorso del racconto* (Piccola biblioteca Einaudi 477), Torino 1987; Grosser, *Narrativa*; Marchese, *L'officina del racconto*; A. Marchese, *Dizionario di retorica e stilistica. Arte e artificio nell'uso delle parole, retorica, stilistica, metrica, teoria della letteratura*, Milano 1985; C. Marcheselli- Casale (ed.), *Oltre il Racconto. Esegesi ed ermeneutica: alla ricerca del senso. Colloquium dei docenti della Facoltà dell'Italia Meridionale; Sezione S. Tommaso d'Aquino*, Napoli 12 febbraio 1993 (Biblioteca teologica napoletana 17), Napoli 1994. In campo biblico cf. S. Bar-Efrat, *Narrative Art in the Bible* (JSOTS 70), Sheffield 1989; D. M. Gunn - D. N. Fewell, *Narrative in the Hebrew Bible*, Oxford 1993; J. L. Ska, *"Our Fathers Have Told Us". Introduction to the Analysis of Hebrew Narratives* (Subsidia Biblica 13), Roma 1990; J. L. Ska, "Sincronia: l'analisi narrativa", in H. Simian-Yofre (ed.), *Metodologia dell'Antico Testamento. Contributi di Innocenzo Gargano - Stephen Pisano - Horacio Simian-Yofre - Jean Louis Ska* (Studi Biblici 25), Bologna 1994; D. F. Tolmie, *Narratology and Biblical Narratives. A Practical Guide*, San Francisco-London-Bethesda 1999.

[7]   R. Jakobson, *Saggi di linguistica generale*, Milano 1972, 185.

ta *competenza*[8]. Ciò è ancor più valido se il messaggio appartiene ad epoche e culture diverse da quelle del destinatario. Lo studio della narrativa, quindi, non può prescindere da quello dei codici utilizzati.

Il secondo aspetto riguarda il canale di trasmissione, cioè nel nostro caso il testo. Esso non è un insieme caotico di parole. Il termine deriva dal latino *textus* "tessitura": le parole, quindi, che costituiscono un'opera letteraria, sono viste come una "tessitura"[9]. Precisando ulteriormente con Weinrich il testo è "una successione logica (cioè coerente e consistente) di segni linguistici, posta tra due interruzioni notevoli della comunicazione"[10]. Sulla base di questa successione logica si organizzano i codici linguistici e si costruisce l'atto narrativo. La tessitura testuale con la sua logica successione non è e non si può ritenere neutra rispetto al costituirsi dell'atto narrativo. È chiaro che chi organizza la tessitura è l'autore che, padroneggiando i diversi codici, li intreccia per dar vita alla rappresentazione che egli desidera[11]. Il lettore o destinatario da parte sua, oltre ad avere la *competenza* necessaria, dovrà seguire la tessitura del testo, quella logica sottesa e voluta dal mittente, per ricostruire il messaggio in esso trasmesso.

La successione logica dei segni linguistici è l'oggetto specifico della sintassi testuale. Per sintassi testuale si intende lo studio della sintassi non limitata alla singola frase ma allargata al contesto più ampio del testo. Una sintassi che partendo dal livello grammaticale (proposizione verbale o non verbale), passando per la sintassi della frase, giunge poi ad un terzo livello

---

[8]   Sul concetto di competenza cf. Grosser, *Narrativa*, 38. C. Segre, *Avviamento all'analisi del testo letterario* (Einaudi Paperbacks 165), Torino 1985, 16 nota 15 la definisce nel seguente modo: "In linguistica generativa, la competenza (ingl. *competence*) è il sistema di regole grammaticali interiorizzato dal parlante; esso gli permette di comprendere, e formulare, un numero infinito di frasi nella lingua da lui usata".

[9]   Cf. Segre, *Avviamento all'analisi del testo letterario*, 28-29.

[10]   H. Weinrich, *Tempus. Le funzioni dei tempi nel testo*, Bologna 1978, 14.

[11]   Credo sia illuminante la presentazione che Cesare Segre fa dell'autore: "L'autore è tuttavia elemento imprescindibile della comunicazione letteraria, in quanto mittente del messaggio. Egli è l'artefice e il garante della funzione comunicativa dell'opera. La natura di messaggio che ha il testo letterario è determinata dal fatto che l'autore, per farsi mittente, si è posto in un particolare rapporto con il o i destinatari: un rapporto di tipo culturale nei suoi contenuti, pragmatico nella sua finalità (l'emissione del messaggio muta lo stato di fatto). Essenziale per questo rapporto è la confluenza di codici in un enunciato linguistico, l'opera. Intesa in questo senso, la parola *autore* viene a significare esattamente come nel medioevo... più ancora che scrittore, «promotore», «garante», e insomma «autorità» (che infatti è etimologicamente connesso). L'autore produce una nuova costruzione linguistica, e ne garantisce la possibilità (e la pregnanza) comunicativa" (Segre, *Avviamento all'analisi del testo letterario*, 8-9).

detto testuale e della comunicazione o anche macrosintassi[12].

In forza di ciò, l'indagine narratologica deve seguire quella sintattico-testuale e non prescindere da essa. In altre parole nell'applicazione dell'approccio sintattico-testuale e di quello narratologico, esiste una priorità del primo sul secondo, e come vedremo in seguito, questa priorità permette una descrizione più precisa dei fenomeni narratologici.

Nell'analisi del libro biblico procederò studiando l'ordine del racconto, la sua trama, il gioco dei punti di vista e la caratterizzazione dei personaggi.

4.1 Ordine della narrazione e ordine della storia in Giona

Studiare l'ordine di un racconto è operare un confronto fra l'ordine di disposizione degli avvenimenti o segmenti temporali all'interno della narrazione (ordine della narrazione) e l'ordine di successione che gli stessi avvenimenti o segmenti temporali hanno nella storia (ordine della storia)[13], tenendo come punto fermo la disposizione dei fatti che l'autore, o il narratore per lui, fa nel dar vita all'atto narrativo. Diventa quindi importante, per questo passo metodologico, una corretta analisi sintattico-testuale delle forme e dei costrutti verbali ebraici, che sono i principali indicatori di come l'autore disponga le sue informazioni. Partiremo dalla disposizione degli eventi, fatta dall'autore (ordine della narrazione), per risalire poi alla loro successione cronologico-temporale nella storia (ordine della storia).

Il libro di Giona si apre con una catena di wayyiqtol narrativi che ci informano sui seguenti "fatti": Jhwh rivolge a Giona una parola che è un comando (1,1-2), il profeta compie cinque azioni dopo aver ascoltato (1,3a-e). L'ordine della narrazione è quindi: comando di Jhwh a Giona, azioni del profeta. Sul piano della storia, il "fatto" della parola comunicata da Jhwh precede la risposta del profeta. Quindi l'ordine con cui gli eventi sono narrati è uguale a quello con cui si sono svolti nella storia.

Le cose cambiano in 1,4a ove la catena di wayyiqtol narrativi è interrotta dal costrutto waw-x-qatal. L'informazione comunicata da tale costrutto riguarda l'intervento di Jhwh che "getta" un grande vento sul mare. Dal punto di vista sintattico tale informazione non è data nella linea principale, ma a livello di sfondo. L'interrogativo è: ha questo un significato a livello di ordine della narrazione e di quello della storia? e se sì, quale? Consideriamo la storia ne-

---

[12] Cf. sopra § 1.1.
[13] Cf. Genette, *Figure III*, 83.

gli eventi che si succedono. Il "fatto" del vento scatenato da Jhwh sul mare è chiaramente successivo all'imbarco di Giona per fuggire dalla presenza di Jhwh (1,3a). Sarebbe difficile immaginare il vento con la relativa tempesta prima che Giona fosse salito sulla nave; è altrettanto difficile pensare che i marinai avessero levato le ancore per partire sotto la minaccia di una tempesta. Però queste informazioni non sono date. Quanto all'ordine della narrazione, grazie al costrutto sintattico di 1,4a che indica simultaneità, l'autore lega strettamente l'informazione riguardante il vento scatenato da Jhwh a quelle sull'imbarco del profeta per fuggire dalla sua presenza (1,3a-e). Come mai l'autore non ha usato in 1,4a il wayyiqtol narrativo per esprimere la semplice successione cronologica? Probabilmente egli ha inteso sottolineare una sfumatura di causa-effetto. A Giona che, al comando divino di andare a Ninive, fugge a Tarsis, vale a dire in direzione opposta, scendendo a Giaffa e imbarcandosi su una nave, Jhwh "risponde" scatenando il vento sul mare. Potremmo leggere nei versetti 3-4a una sorta di azione e reazione legate strettamente l'una all'altra, non semplicemente successive e coordinate tra loro, ma correlate e quasi contemporanee.

Il wayyiqtol narrativo che segue (1,4b) riporta la narrazione sulla linea principale per descrivere la gravità della tempesta che si scatena sul mare. Nuovamente un costrutto di sfondo waw-x-qatal in 1,4c ci informa sul pericolo che corre la nave. Nell'ordine della narrazione l'informazione sul pericolo della nave è data in stretto rapporto con lo scatenarsi della tempesta. Viene messa in evidenza la conseguenza immediata della tempesta: appare subito chiaro che la nave è in pericolo. Nell'ordine della storia si sottolinea anche qui lo stretto rapporto causa-effetto.

In 1,5a-c con tre wayyiqtol si dà notizia della paura dei marinai, del loro rivolgersi ai propri dèi e dell'alleggerimento della nave. I tre wayyiqtol esprimono, sia nell'ordine della narrazione che in quello della storia, una successione di eventi che seguono lo scatenarsi della tempesta. In 1,5d-f ricompare nuovamente il costrutto waw-x-qatal, a cui seguono due wayyiqtol non narrativi ma continuativi. Sintatticamente questo costrutto esprime simultaneità, quindi informa su ciò che Giona sta facendo contemporaneamente alle azioni dei marinai o in contrasto con esse (1,5a-c). Di conseguenza, dal punto di vista dei fatti della storia, abbiamo due scene parallele dopo lo scatenarsi della tempesta: le azioni dei marinai e quelle del protagonista Giona[14]. Il numero

---

[14]   Anche H. W. Wolff, *Studi sul libro di Giona* (SB 59), Brescia 1982, 52-53, parla di biforcazione ma considera gli eventi narrati in 1,5d-f come precedenti, per cui traduce usando il piuccheperfetto. Per Wolff l'autore vuole esprimere che Giona era disceso e si era coricato pri-

delle azioni dei due soggetti (marinai e Giona) è uguale.

In 6-9, sette wayyiqtol narrativi scandiscono le domande del capitano e dei marinai e la prima risposta di Giona in stretta successione. Nel corso del versetto 10 la catena di wayyiqtol narrativi viene interrotta nuovamente. Prendiamo in esame il modo con cui l'autore comunica le sue informazioni, distinguendo tra quelle di primo piano e quelle di sfondo. A livello di primo piano, con due wayyiqtol, egli racconta la paura crescente dei marinai (1,10a) e la loro domanda/esclamazione (1,10b-c). A livello di sfondo invece, mediante PNC circostanziali di valore causale, comunica due informazioni: i marinai sanno che Giona sta fuggendo da Jhwh (10d-e), Giona ha raccontato loro in precedenza il suo piano (10f). Questa presa di coscienza porta i marinai a chiedere a Giona perché abbia agito in quel modo, mettendo in pericolo la sua vita e la vita di tutto l'equipaggio. Passando all'ordine della storia, i fatti presentano un ordine diverso:

- Giona parla ai marinai
- I marinai vengono a conoscenza
- I marinai esclamano.

L'autore struttura però le sue informazioni in modo diverso grazie alla disposizione sintattica delle proposizioni. Infatti, prima riporta l'espressione di panico dei marinai, poi offre la spiegazione. In questo modo, rispetto all'ordine della storia, anticipa delle informazioni e ne posticipa altre. Dal punto di vista narrativo in 10d-f siamo in presenza di un'*analessi* o *flash back* che spiega il motivo del panico totale dei marinai. Così facendo l'autore, sulla linea principale del racconto, conserva alta la tensione narrativa descrivendo il panico crescente che si diffonde sulla nave (10a), mentre a livello di sfondo spiega perché questo panico aumenti.

Troviamo la stessa logica in 1,11.13 dove, a livello di primo piano, l'autore conserva la tensione informandoci sulla richiesta dei marinai a Giona su cosa fare (11a-b) e sul loro vano tentativo di raggiungere la terra asciutta (13a-b), mentre a livello di sfondo, attraverso due PNS circostanziali con valore causale, spiega il perché: il mare si faceva sempre più tempestoso (11d.13c). Le due proposizioni sono identiche, con l'aggiunta della formula "contro di loro" (עֲלֵיהֶם) nel secondo caso, per cui suonano come un ritornello sinistro. A motivo di questo sfondo, tutte le informazioni di primo

---

ma che la tempesta scoppiasse. Credo però che nel nostro caso sia da preferire come funzione di sfondo per il costrutto waw-x-qatal e per i due wayyiqtol successivi quella di simultaneità e di contrasto. Vedi A. Niccacci, *Sintassi del verbo ebraico nella prosa biblica classica* (SBF Analecta 23), Jerusalem 1986, § 40.141.

piano acquistano una speciale concitazione e urgenza: l'appello dei marinai a Giona perché indichi loro quello che devono fare di lui (11*a-b*), il loro disperato tentativo di raggiungere la terra asciutta e il fallimento del loro piano (13*a-b*). A questo punto non resta altro che appellarsi al Dio di Giona (1,14) e compiere quello che Giona stesso aveva suggerito loro: gettarlo in mare (1,15*a-b*). La conclusione della tempesta (1,15*c*) dà origine al grande timore per Jhwh (1,16*a*) che invade i marinai e si esprime in offerte di sacrifici (1,16*b*) e di voti (1,16*c*). La catena di wayyiqtol indica che le informazioni sui fatti nella narrazione seguono l'ordine cronologico della storia.

La catena narrativa continua nel capitolo secondo con sei wayyiqtol narrativi (2,1*a.b*.2*a*.3*a*.11*a.b*). Essa segna la linea principale della narrazione, disponendo in successione cronologica i fatti raccontati: l'intervento di Jhwh che dispone un grande pesce, Giona nel ventre del pesce, la sua preghiera, un nuovo intervento di Jhwh, la liberazione di Giona. È stato sollevato il problema se i fatti narrati in 2,1 siano antecedenti rispetto a quelli narrati in 1,16, cioè se il fatto del pesce non preceda l'offerta dei voti da parte dei marinai (cf.1,16)[15]. La presenza, però, dei wayyiqtol narrativi in 2,1 non permette ipotesi di questo genere. Il narratore racconta i fatti di 2,1 come successivi a quelli di 1,16. Se avesse voluto diversamente, l'autore avrebbe usato costrutti di retrospezione.

Con 18 wayyiqtol narrativi e un w*e*lo'+qatal, la sua forma negativa corrispondente (3,10*e*), lo scrittore costruisce la catena narrativa del capitolo terzo, con cui dispone, in ordine successivo, le informazioni sui fatti, mostrando come essi a livello di "storia" si susseguono gli uni agli altri. All'inizio abbiamo il secondo appello di Jhwh a Giona (3,1-2), parallelo al primo e di esito contrapposto (1,1-3), cui segue la risposta positiva del profeta con la sua predicazione di un giorno a Ninive (3,3-4). Essa provoca la reazione dei niniviti descritta in 3,5; segue poi quella del re con i suoi dignitari che emana un decreto (3,7-9). Visto il ravvedimento dei niniviti, Dio decide di desistere dal castigo minacciato (3,10).

Sono state avanzate critiche a questa sequenza. Wolff[16] parla della presenza di una "regressione" nei versetti 3,6ss, perché essi riprendono l'argomento di 3,5, spiegando come si sia arrivati alla penitenza di tutti i niniviti. Il decreto non fa altro che ordinare ciò che al versetto 3,5 già avviene. Propone quindi di considerare i wayyiqtol di 3,6ss come piuccheperfetti. Ma le forme verbali di 3,6.7 sono dei wayyiqtol narrativi, lo stesso Wolff li chiama "imperfetti con-

---

[15]   Cf. Wolff, *Studi sul libro di Giona*, 55.
[16]   Wolff, *Studi sul libro di Giona*, 58-59.

secutivi"[17]. Ciononostante si potrebbe supporre che nella storia (*ordo rerum*) i fatti si siano succeduti nel modo ipotizzato da Wolff, ma il narratore li racconta diversamente (ordine della narrazione). Li pone tutti sul livello principale: anticipa però la reazione positiva dei niniviti (3,5), forse per sottolineare che è quella che muove Dio a "pentimento" dopo aver visto "le loro azioni" (3,10) e in seconda battuta spiega che quel comportamento fu esecuzione di una solenne disposizione del re e dei suoi ministri per tutta la città (3,6-9).

Un caso differente si presenta in 3,10, dove i costrutti x-qatal di 3,10*b.d* marcano una circostanza anteriore rispetto a 3,10*a* e 3,10*c*. Il narratore presenta le azioni di 3,10*b.d* come un'*analessi* con la quale riprende quello che già aveva raccontato in precedenza (3,5.7-8 in particolare 3,8*c-d*; 1,1; 3,1). Solo in casi del genere, si può parlare, usando un linguaggio caro a Wolff, di "regressione" a livello di narrazione, perché essa trova riscontro nel costrutto verbale che esprime retrospezione o anteriorità[18].

Nel capitolo quarto ha creato problemi il versetto 5: alcuni lo vogliono spostare dopo 3,5, altri lo considerano un *flash back*. La difficoltà nasce dal tentativo del lettore di ordinare i fatti della storia a partire dalla propria logica, senza tener conto di quella offerta dall'uso delle forme e costrutti verbali[19]. In realtà i wayyiqtol presenti in 4,5*a-d* sono narrativi e quindi presentano l'uscita di Giona verso la zona est della città come successiva al discorso di Jhwh fatto in 4,4.

Perciò dopo il pentimento di Dio (3,10), segue la reazione di Giona (4,1-3), a cui Jhwh replica con un interrogativo (4,4). Giona risponde uscendo dalla città e andando ad abitare a est della città dove si costruisce una capanna (4,5*a-d*), un gesto che significa rifiuto di accogliere la logica di Dio. A questo punto abbiamo un'interruzione dei wayyiqtol narrativi, con costrutti x-yiqtol (4,5*e-f*), che esprimono l'idea di anticipazione. A livello narratologico Giona è in attesa che qualcosa capiti. Forse attende la risposta di Jhwh alle sue azioni narrate poc'anzi, ma più verosimilmente attende nuovi eventi per Ninive.

Dopo l'interruzione riprende il livello principale della narrazione con la descrizione di ulteriori interventi di Jhwh (4,7-8*b*), successivi ai fatti raccontati in 4,5. Nonostante il rifiuto di Giona, Dio non si stanca di educarlo. Prima "provvede" una pianta che lo protegge dal calore, poi un verme la fa seccare

---

[17] Cf. Wolff, *Studi sul libro di Giona*, 58.
[18] Scrive Niccacci, *Sintassi del verbo*, § 147: "Il QATAL è indifferente quanto all'atteggiamento linguistico, in quanto compare sia nella narrazione che nel discorso. La sua funzione è fondamentalmente 'retrospettiva' sia nella narrazione che nel discorso (§ 81)".
[19] Se dovesse essere vera l'ipotesi di un *flash back* noi avremmo dovuto avere nel testo almeno un costrutto retrospettivo del tipo x-qatal.

e il sole picchia sulla testa del profeta.

Giona non sa andare oltre la protesta ed esprime di nuovo il desiderio di morire (4,8e-g; cf. 4,3c). Pazientemente Jhwh riprende l'interrogativo fatto precedentemente in 4,4 (4,9a-b), a cui Giona questa volta risponde esprimendo la sua disapprovazione (4,9c-d). Segue l'intervento finale di Jhwh che chiude la narrazione (4,10-11). Un intervento che insieme è una constatazione (4,10) e una domanda piena di *pathos* (4,11). Una domanda che resta senza risposta a livello di storia (ellissi) e che perciò, come vedremo in seguito, interpella direttamente il lettore.

Nel racconto la catena di wayyiqtol narrativi, che a livello di sintassi del testo esprime successione, a livello di ordine mostra il susseguirsi dei fatti: per lo meno il modo in cui il narratore li racconta. Essa è interrotta, dove l'autore lo desidera, da costrutti di sfondo per legare strettamente due fatti (1,3.4a), per esprimere contemporaneità di azione (1,5a.d), per informare su fatti antecedenti (1,10d-f), per descrivere la città (3,3c), per suscitare attesa di ciò che accadrà (4,5e-f). Tutto ciò contribuisce, insieme ai dialoghi, a trasformare una monotona successione di fatti in un racconto interessante ed avvincente.

4.2 La trama di Giona

"L'ordinata sistemazione degli avvenimenti è la trama"[20]. L'intreccio del libro di Giona rispetta questo principio della poetica aristotelica. All'interno delle due principali tipologie, unificata ed episodica[21], il racconto di Giona appartiene alla trama "unificata", dove le diverse parti del racconto si integrano e si succedono in modo ordinato tanto da costituire una catena significativa di eventi: significativa in quanto gli eventi sono riempiti di senso grazie alla loro disposizione che fa sorgere nel lettore interesse e coinvolgimento emotivo[22].

La caratteristica più vistosa dell'intreccio del libro di Giona è la mancanza di un *esordio* che introduca il racconto, fornendo l'ambientazione (il tempo, il luogo), presentando i personaggi e i particolari necessari alla

---

[20]   Aristotele, *La Poetica. Introduzione, traduzione, parafrasi e note di Domenico Pesce* (I classici del pensiero: filosofia classica e tardo antica sez. I), Milano 1981, 6.

[21]   La trama è unificata quando si verifica una sostanziale integrazione tra gli episodi disposti secondo un ordine preciso; è, invece, episodica, quanto i diversi episodi costituiscono quasi un'unità chiusa in sé e il lettore ha la possibilità di passare da un episodio all'altro senza smarrirsi.

[22]   Cf. Bar-Efrat, *Narrative Art in the Bible*, 91; J. Licht, *La narrazione nella Bibbia* (SB 101), Brescia 1992, 34-36.

comprensione della storia. Tuttavia non sempre è necessario comunicare preliminarmente informazioni di questo genere; alle volte queste sono sparse lungo il racconto. Ad esempio, nel racconto della scelta della moglie per Isacco, la presentazione di Rebecca è fatta non all'inizio, ma quando essa è vista dal servo di Abramo: "Egli non aveva ancora finito di parlare, quando ecco uscire con la sua brocca sulla spalla Rebecca, figlia di Betuèl, figlio di Milca, moglie di Nacor, fratello di Abramo. La fanciulla era molto bella d'aspetto, vergine, e nessun uomo l'aveva mai conosciuta" (Gn 24,15-16).

Nel libro di Giona le uniche informazioni preliminari sono il nome e la paternità del protagonista[23]. Il wayyiqtol iniziale, un וַיְהִי, apre la catena narrativa (1,1). Si racconta subito l'ordine impartito da Jhwh a Giona (1,2). Non si dice nulla sul tempo e sul luogo della chiamata. Dalle parole di Jhwh apprendiamo che la malvagità dei niniviti è salita fino a lui, ma non viene detto in cosa consista questa malvagità. Siamo direttamente immersi nella prima scena del racconto dove l'azione si complica. L'inizio del libro è *in medias res*[24].

La trama del libro si snoda attraverso una serie di scene che presentano al loro interno delle ulteriori suddivisioni dette movimenti o quadri narrativi. I criteri per la loro individuazione consistono nel cambio del tempo, del luogo e dei personaggi anche se il principale è costituito dal cambiamento dell'azione. Ecco le scene: il comando disatteso (1,1-3), la tempesta (1,4-16), il pesce (2,1-11), la reiterazione del comando e l'obbedienza di Giona (3,1-4), la reazione dei niniviti, del re e di Dio (3,5-10), la reazione di Giona (4,1-5), il confronto finale (4,6-11).

4.2.1 Il comando disatteso

La prima scena mette in moto l'intreccio narrativo e due sono i suoi movimenti: il comando di Jhwh a Giona (1,1-2) e la risposta disobbediente di quest'ultimo (1,3). Non si dà nessun riferimento spaziale, ma sembra essere implicito che la parola è rivolta a Giona in terra di Israele, dal momento

---

[23]   Vari autori hanno rilevato quest'aspetto del libro di Giona: R. F. Person, *In Conversation with Jonah. Conversation Analysis, Literary Criticism, and the Book of Jonah* (JSOTS 220), Sheffield 1996, 53. K. M. Craig, *A Poetics of Jonah. Art in the Service of Ideology*, Columbia 1993, 47-49 vede una somiglianza tra l'inizio del libro di Giona e quello della Genesi dove non c'è nessun esordio quando, per la prima volta, Dio entra in scena: Chi è Dio? Da dove viene l'Altissimo? Gunn - Fewell, *Narrative in the Hebrew Bible*, 103.129; Ska, *"Our Fathers Have Told Us"*, 25. I commentari rilevano in Giona una partenza rapidissima: J. Limburg, *Jonah* (OTL), Louisville 1993, 37; J. A. Bewer, *Jonah* (ICC), Edinburgh 1912, 28 parla della mancanza di qualcosa di antecedente.

[24]   Cf. A. Niccacci, "Syntactic Analysis of Jonah", *LA* 46 (1996) 31.

che Giona scende a Giaffa (cf. 1,3). Neppure riguardo al tempo sono fornite informazioni precise. Queste sono deducibili solo indirettamente, sulla base di 2 Re 14,25, dove si fa riferimento a un certo Giona, figlio di Amittai, servo (עַבְדּוֹ) di Jhwh e profeta proveniente da Gath-Hefer[25] sotto il regno di Geroboamo II. Sulla base di questi elementi è possibile al lettore ambientare il racconto al tempo di Geroboamo II.

I personaggi presenti sulla scena sono Jhwh e Giona che lungo il racconto si alterneranno fino alla disputa finale del capitolo quarto, mentre sullo sfondo ne appaiono altri: la città di Ninive con i suoi abitanti e la nave con l'equipaggio, protagonista della scena successiva.

Gli imperativi, che impartiscono ordini nel discorso diretto vengono ripresi normalmente nella narrazione con wayyiqtol che ne raccontano l'esecuzione. Il caso di Giona è simile (1,2a קוּם; 1,3a וַיָּקָם), poi però tutto è sconvolto. Giona non va a Ninive[26], anzi si alza per fuggire lontano dalla presenza di Jhwh. Tutto questo, dal punto di vista dell'intreccio narrativo, apre la strada all'avvio dell'azione (*inciting moment*), dove la trama si complica stimolando l'attenzione del lettore e il suo coinvolgimento. La "non risposta" di Giona e la disobbedienza al comando divino suscitano una serie di interrogativi: perché il profeta non obbedisce? perché non obietta a Jhwh come altri profeti (Mosè, Geremia, Isaia) o personaggi biblici (Gedeone)? perché fugge? È proprio questo modo inconsueto, l'alzarsi del profeta per fuggire, il suo scendere a Giaffa, l'imbarcarsi su una nave alla volta di Tarsis che crea nel racconto la *suspense*, l'attesa per il prosieguo.

4.2.2 La tempesta

Con il passaggio dalla linea principale allo sfondo in 1,4a, il cambio della *compositio loci*, non più la terra ferma ma il mare, e con l'entrata di nuovi personaggi, i marinai e il loro capitano, si passa alla seconda scena (1,4-16). Jhwh risponde alla disobbedienza di Giona "gettando un forte vento" che scatena una tempesta che minaccia la nave. L'intervento di Jhwh provoca le reazioni dei marinai (1,5a-c) e di Giona (1,5d-f) che sono tra loro in contrasto. La prima è di iniziale panico, (1,5a) poi l'equipaggio reagisce per salvare la nave gettando in mare il superfluo e invocando ciascuno il proprio dio; la reazione di Giona invece è di apparente disinteressamento per quello che sta

---

[25]   TM: "הַנָּבִיא אֲשֶׁר מִגַּת הַחֵפֶר". Per una indagine archeologica su Gath-Hefer cf. B. Bagatti, *Antichi villaggi cristiani di Galilea* (SBF Collectio Minor 13), Gerusalemme 1971, 37-41.

[26]   In Gio 3,2 si dirà invece: וַיָּקָם יוֹנָה וַיֵּלֶךְ אֶל־נִינְוֶה.

succedendo. L'intreccio prosegue fino alla fine del capitolo attraverso piccoli quadri narrativi: il richiamo del capitano a Giona (1,6), il responso della sorte (1,7), la conversazione tra i marinai e Giona (1,8-9), lo sforzo di evitare il disastro (1,10-13), la soluzione della crisi (1,14-16).

Una caratteristica di questi quadri è l'apparente assenza di Jhwh. Egli continua però a essere presente – basti pensare alla professione di fede di Giona (1,9) – ma senza parlare e agire direttamente come in 1,2 e 1,4a.

Il richiamo del capitano (1,6). La comparsa sulla scena di un nuovo personaggio, il capitano della nave, distinto dai marinai, aiuta ad individuare il quadro narrativo. Egli entra nello spazio che Giona si era ricavato nella parte interna della nave (1,5d) e, dopo essersi sorpreso del fatto che Giona stesse dormendo, gli ordina di alzarsi (1,6d) e di invocare il suo dio (1,6e). Nella dinamica del racconto è il primo personaggio umano a parlare[27], prima con una forma esclamativa-interrogativa, poi con l'imperativo che è usato da Jhwh in 1,2a: "Alzati". Nelle parole del capitano Giona ode nuovamente il comando divino, ma continua a rimanere in silenzio[28] e il capitano non aspetta la sua risposta perché ha fretta di procedere. Gli basta aver coinvolto Giona in quello che tutto l'equipaggio sta facendo.

Il responso della sorte (1,7). Le ripetizioni del verbo נפל "cadere (qal) / gettare (hifil)" e del sostantivo גּוֹרָל "sorte" delimitano il quadro narrativo di 1,7 e legano il discorso diretto con la parte narrativa[29]. Alla prima forma volitiva indiretta di carattere esortativo presente nel discorso diretto (1,7c), corrisponde nella narrazione il wayyiqtol narrativo hifil di carattere dichiarativo: "Gettiamo le sorti… Gettarono le sorti" (1,7f). Alla seconda forma volitiva-esortativa, mirante a conoscere la causa della sciagura (1,7d), nella narrazione corrisponde un altro wayyiqtol narrativo con una variante: "E la sorte cadde su Giona" (1,7g). Il verbo נפל è una forma qal al singolare e il suo soggetto non sono più i marinai, ma il sostantivo "sorte", anch'esso al singolare. Tutto questo segna un progresso nell'intreccio: la situazione caotica della tempesta ha una prima chiarificazione: il male presente, così come è percepito dai marinai, ha il suo primo responsabile, Giona.

---

[27]   In precedenza ha parlato solo Jhwh, cf. Gio 1,2.
[28]   Cf. J. S. Ackerman, "Jonah", in R. Alter - F. Kermode (eds.), *The Literary Guide to the Bible*, London 1987, 236; P. Trible, *Rhetorical Criticism. Context, Method and the Book of Jonah*, Minneapolis 1994, 137.
[29]   Cf. T. L. Wilt, "Lexical Repetition in Jonah", *JOTT* 5 (1992) 252-253. J. D. Magonet, *Form and Meaning. Studies in Literary Techniques in the Book of Jonah* (Bible and Literature 8), Sheffield 1983², 18 parla di ripetizione tecnica.

Il dialogo tra i marinai e Giona (1,8-9). Avendo identificato in Giona il principale indiziato della sciagura che incombeva, i marinai iniziano ad interrogarlo. Solo adesso Giona decide di parlare: si crea così all'interno della narrazione il primo dialogo. La prima domanda degli uomini a Giona è se lui sappia chi ha provocato tutto questo, per poi passare ad investigare sull'identità del loro passeggero: qual è il tuo mestiere? da dove vieni? qual è il tuo paese? a quale popolo appartieni? Secondo la figura retorica dell'*hysteron proteron* (= l'ultimo come il primo)[30] il profeta risponde all'ultimo interrogativo (1,9*b* "Io sono Ebreo"), per poi fare una professione di fede in Jhwh (1,9*c-d*). Paradossalmente Giona, che sta fuggendo per sottrarsi alla presenza del suo Dio (1,3*a.e*), proclama il potere universale di Jhwh su ogni cosa, il mare e la terra asciutta, perché tutto è stato fatto da lui[31]. Egli professa la sua fede nel Dio d'Israele, creatore dell'universo. Il verbo della professione è "temere", usato in precedenza per descrivere lo stato d'animo dei marinai (1,5*a.*10*a*) e più tardi per il loro ossequio a Jhwh (1,16*a*). Il narratore riporta solo la professione di fede, tralascia il racconto della fuga, che pure Giona fece, come risulta da 1,10*d-f* e così avanza rapidamente mantenendo la *suspense*. Ciò permette di evidenziare l'importanza della proclamazione di fede, perché potrebbe essere l'inizio dell'idea che Giona, nonostante le sue stesse contraddizioni, è pronto ad annunciare il suo Dio agli altri e forse anche il messaggio che egli ha ricevuto (1,2).

Lo sforzo di evitare il disastro (1,10-13). Nel quarto quadro narrativo i protagonisti sono ancora Giona ed i marinai, che ora sono chiamati "quegli uomini" (con articolo in ebraico הָאֲנָשִׁים). Sulla scena poi compaiono elementi nuovi: la descrizione del mare che si fa sempre più tempestoso (1,11*d.*13*c*) e il tentativo di raggiungere la terra asciutta (1,13*a-b*). Il narratore, interrompendo il dialogo in 1,10*a*, riprende la radice ירא per descrivere nuovamente lo stato d'animo dei marinai (cf. 1,5*a*). Il significato del verbo, dopo la confessione/professione di Giona, potrebbe non essere più quello di semplice paura, ma assumere una valenza religiosa. Così la domanda: "Perché hai fatto questo?" (1,10*c*) può essere letta come un segno che i marinai stanno venendo alla fede, come si vedrà chiaramente dopo (1,16), e significare dunque: "Perché sei fuggito da questo Dio grande, che tu professi?". Il narratore, ritardando la spiegazione di come i marinai siano venuti a conoscenza della fuga di Giona (*analessi*), non si perde in dettagli ed evidenzia la professione di Giona e la reazione dei marinai: il loro grande timore.

---

[30]   Per la definizione cf. Marchese, *Dizionario di retorica e stilistica*, 138.
[31]   In questo è stato colto un elemento di forte ironia. Cf. Trible, *Rhetorical Criticism*, 141.

Nel suo secondo intervento Giona, affermando che "è a causa mia che questa grande tempesta infuria sopra di voi" (1,12*f*), fa riferimento a due espressioni presenti nelle domande dei marinai (1,7*d*.8*c*). Questo richiamo segna il definitivo riconoscimento da parte di Giona della sua responsabilità per quanto sta accadendo e nello stesso tempo dà la soluzione al problema, reso ancor più grave dal fallito tentativo di raggiungere la terra asciutta (1,13). Giona termina di parlare; riprenderà solo quando, dalla pancia del pesce, innalzerà la preghiera (2,3b-10).

La risoluzione (1,14-16). L'ultimo quadro narrativo mostra il superamento della crisi. I protagonisti assoluti sono i marinai. Vi è ancora la presenza di Giona, ma in un ruolo totalmente passivo. Tre azioni caratterizzano questo quadro: la preghiera dei marinai (1,14), l'esecuzione del comando dato da Giona in 1,12 (1,15) e l'offerta di sacrifici e voti (1,16). Avendo fallito il rientro al porto (1,13), i marinai tentano un'altra via: "Invocarono Jhwh e dissero…" (וַיִּקְרְאוּ אֶל־יְהוָה 1,14*a*). L'azione e il linguaggio ci riportano al v. 1,5*b*: "ciascuno invocò i propri dei" (וַיִּזְעֲקוּ אִישׁ אֶל־אֱלֹהָיו). Ora però sono diversi il verbo e l'oggetto indiretto a cui è rivolta la supplica. I marinai conoscono il Dio di Giona che è all'origine delle loro sciagure ed a lui si rivolgono. La puntuale esecuzione del comando fa calmare il mare. Questo diventa per "quegli uomini" non ebrei motivo per temere Jhwh che viene riconosciuto come colui che ha in mano le sorti del mare, in quanto Creatore, come Giona aveva professato (1,9*c*-*d*).

Ma altri interrogativi restano aperti: Giona dov'è andato a finire? morirà o sopravviverà? la folle fuga si concluderà con il raggiungimento della meta? la missione affidatagli da Jhwh sarà realizzata? Jhwh stesso che cosa farà ora che il suo profeta è in mare? come porterà a termine il comando che ha affidato a Giona? e la malvagità di Ninive resterà impunita? Tutti interrogativi che sottolineano come la vicenda dei marinai sia solo una componente della trama. Ci aspettiamo ora che la trama principale continui.

4.2.3 Il pesce e la questione del salmo

Nel secondo capitolo l'impianto scenico è ridotto all'osso: c'è una sola scena in cui i protagonisti sono Jhwh e Giona. La sua peculiarità è il lungo discorso diretto di Giona in poesia (8 versetti su 11). I movimenti della scena, determinati dal cambio dei soggetti, sono quattro:

- Jhwh "provvede" un pesce perché inghiottisca Giona
- Giona nel ventre del pesce
- La preghiera a Jhwh in poesia
- Jhwh "parla" al pesce che rilascia Giona.

Nella parte narrativa (2,1-2.11) la scena presenta un'unità dovuta a corrispondenze nelle ripetizioni, nella posizione delle parole e nella disposizione grammaticale. Nelle proposizioni di linea principale, che delimitano la scena (2,1a.11a.b), i verbi di azione hanno come soggetto Jhwh, che era assente a partire dal versetto 1,4a, e come oggetto il pesce. Il pesce, a sua volta, diventa soggetto, agendo su Giona, oggetto dell'infinito costrutto "ingoiare" e della forma indicativa "vomitare". Nelle altre proposizioni principali (2,1b.2a) Giona è il soggetto dei verbi "rimanere" e "pregare". Il pesce, invece, è presente come oggetto indiretto di due frasi preposizionali parallele ("nel ventre del pesce"... "dal ventre del pesce"). Queste corrispondenze assicurano una certa coerenza scenica anche se non mancano delle variazioni. In 2,1a ricorre per il pesce l'aggettivo "grande", che non è presente in 2,11a. In 2,1b compare la frase "tre giorni e tre notti", assente in 2,2a che invece ha l'espressione "Jhwh, suo Dio", a sua volta mancante in 2,1b.

Nell'intreccio della scena si registra una catena di cause ed effetti: si inizia con Jhwh che ordina a un pesce di inghiottire Giona (2,1a); l'effetto è la permanenza di quest'ultimo nel ventre del pesce (2,1b); essa causa, a sua volta, la preghiera del profeta dal ventre del pesce (2,2a), che induce Jhwh a parlare al pesce (2,11a), il quale, come effetto, vomita Giona (2,11b). Fine della scena e passaggio a quella successiva[32].

La semplicità della costruzione scenica contrasta con la problematica che suscita la presenza e la funzione del salmo sulle labbra di Giona (2,3b-10). Il salmo potrebbe presentare i sentimenti del profeta dopo 2,1-2, in tal caso sarebbe uno squarcio sul suo stato d'animo; ma un motivo che induce a ritenere Gio 2,3b-10 un'interpolazione successiva è che una preghiera di ringraziamento – come il salmo sembra essere – non si adatta alla situazione di Giona nel ventre del pesce. Una soluzione ci può venire dall'analisi sintattica delle forme verbali del salmo e dall'analisi della sua funzione all'interno dell'intreccio scenico.

L'analisi sintattico-testuale delle forme e costrutti verbali usati suggerisce come prospettiva per il salmo quella di una esperienza travagliata, vissuta nel passato ed oramai alle spalle (2,3-8 asse del passato); v'è l'intenzione di ringraziare Jhwh (2,9-10 asse del futuro), percepito come l'autore della liberazione e si proclama nell'oggi la sua salvezza (2,10d asse del presente). Il salmo potrebbe aver avuto origine in un contesto cultuale ed essere stato composto per essere recitato davanti ad una assemblea adunata per il culto, in un secondo

---

[32] Una dinamica simile di causa-effetto l'abbiamo registrata anche nel primo capitolo: Jhwh comanda a Giona di andare a Ninive; Giona fugge in direzione opposta verso Tarsis; Jhwh gli scatena dietro una tempesta.

momento sarebbe stato ripreso dall'autore del racconto.

Dal punto di vista dell'intreccio scenico i versetti 2,1.2 dipingono una situazione di pericolo: Giona è in mare ed è inghiottito da un pesce. Alla fine della scena invece Giona si ritrova sulla terra asciutta, sano e salvo (2,11b). Nella trama del capitolo si registra un totale capovolgimento della situazione. Siamo quindi alla presenza di una trama di risoluzione. Che cosa ha determinato la trasformazione se non la preghiera di Giona a Jhwh che ascolta e interviene presso il pesce? Anche chi reputa il salmo un'aggiunta, come Wolff, afferma la validità della preghiera di Giona in questo punto[33]. La dinamica della trama presenta tre momenti:

- Situazione pericolosa o di angoscia
- Preghiera
- Salvezza o serenità ritrovata.

Un tale schema è presente anche in altri passi biblici. In 1 Sam 1 Anna sale con il marito a Silo e, come ogni anno, è presa in giro dall'altra moglie per la sua sterilità (situazione di angoscia). In uno di questi pellegrinaggi si presenta a Jhwh e lo prega[34]. Il narratore non riporta l'intera preghiera di Anna, ma lascia alla protagonista la possibilità di esprimere in discorso diretto il suo voto (1 Sam 1,9-11 preghiera). Jhwh non resta sordo e quando Elkana si unisce a sua moglie Anna, "Jhwh si ricordò di lei" (1 Sam 1,19). La situazione per Anna allora cambia radicalmente, dà alla luce il figlio Samuele (1 Sam 1,20 serenità ritrovata).

In 2 Re 20,1 si racconta della malattia mortale di Ezechia. Il profeta Isaia si reca dal re e gli annuncia la morte imminente, aggiungendo l'ordine di dare le disposizioni per la successione (situazione di angoscia). Ezechia volta la faccia verso la parete e prega. Anche in questo caso la preghiera è riportata tutta in discorso diretto (2 Re 20,2-3). Jhwh parla di nuovo a Isaia e gli comunica che la preghiera è stata esaudita e la vita del re sarà allungata di altri quindici anni (2 Re 20,4-7, serenità ritrovata)[35].

Questo modello scenico presuppone dunque l'elemento "preghiera a Jhwh" come elemento decisivo per la risoluzione (il passaggio dall'angoscia alla serenità ritrovata) e quindi se venisse a mancare la preghiera in Giona la

---

[33] Cf. Wolff, *Studi sul libro di Giona*, 76-77.

[34] Cf. R. Alter, *L'arte della narrativa biblica* (Biblioteca biblica 4), Brescia 1990, 105-110.

[35] Elementi di questo schema sono rintracciabili anche nell'episodio del mare in Es 14: situazione di paura e angoscia (Es 14,10), grido in discorso diretto non rivolto a Jhwh ma a Mosè (14,11-12), risposta di Mosè e di Jhwh (14,13-14.15-18), intervento dell'angelo e di Jhwh (14,19-29) e salvezza (14,30).

trama scenica risulterebbe monca. Il salmo dunque non è una semplice aggiunta successiva ma, poiché la trama del capitolo secondo è di risoluzione, il salmo rappresenta l'elemento che la determina.

Concludendo, l'analisi sintattica mostra che la prospettiva del Salmo è quella del dopo liberazione. Di fatto l'esperienza del mare è descritta con le forme verbali del passato. Il salmo fu composto probabilmente per essere recitato davanti ad un'assemblea durante il culto, come Giona promette alla fine della preghiera (cf. 2,10). Tutto ciò spiega il carattere di ringraziamento del salmo. Infine dal punto di vista della funzione esso realizza il momento risolutivo della trama del secondo capitolo. Nella preghiera Giona si abbandona a Jhwh nella certezza che solo Lui donerà la salvezza dalla sua situazione, come l'ha donata in precedenza ai marinai (1,15) che si erano abbandonati nella preghiera (1,14). Purtroppo Giona, quando sarà a Ninive, farà tesoro solo in parte di questa salvezza sperimentata gratuitamente (cf. 4,1).

4.2.4 La reiterazione del comando divino e l'obbedienza di Giona

La quarta scena richiama la prima (1,1-3). Il וַיְהִי, come verbo pieno, non solo si collega e riprende quello di 1,1, ma continua la trama del capitolo precedente che aveva lasciato in sospeso un interrogativo: che cosa accadrà dopo che il pesce ha vomitato Giona sulla terra asciutta? Una prima risposta viene dai versetti 3,1-4. I protagonisti sono nuovamente Jhwh e Giona e la scena presenta due movimenti come nella prima: il secondo appello di Jhwh (3,1-2) e la risposta di Giona (3,3-4). Il comando di Jhwh a Giona comprende tre imperativi ("alzati, va'... e proclama") che, nell'esecuzione del profeta, diventano tre wayyiqtol (si alzò e andò... predicò, 3a.b.4b), i quali riferiscono finalmente la sua obbedienza al comando divino[36]. Quest'ultima è poi rafforzata dall'espressione "secondo la parola di Jhwh" che richiama 3,1 e 1,1.

Vari autori hanno visto nella ripetizione del comando di Jhwh a Giona l'indizio di un lavoro redazionale, tendente a cucire Gio 1-2 con Gio 3-4. La priorità di composizione è stata poi attribuita dai diversi studiosi all'una o all'altra sezione[37]. Giona è però sintatticamente un testo unico, nel senso che

---

[36] Nella scena di apertura del libro la narrazione della risposta di Giona aveva ripreso solo il primo imperativo: "si alzò per fuggire" (1,3a), cf. sopra § 4.2.1.

[37] J. Nogalski, *Redactional Processes in the Book of the Twelve* (BZAW 218), Berlin - New York 1993, 261-262 distingue due parti del libro di Giona, Gio 1-2 e 3-4. All'origine vi sarebbe un racconto comprendente i capitoli 3-4 a cui poi si sarebbe aggiunto Gio 1,1-2.11. Infine, dato che il salmo 2,3-10 interrompe la trama di 1,1-16; 2,1.2.11, esso sarebbe l'ultimo blocco redazionale entrato nel corpo del libro. Weimar, al contrario, ipotizza che la storia originaria

non ci sono forme di antefatto che lo suddividano, anzi la sintassi suggerisce che il libro faccia parte di un ciclo più vasto, essendo collegato mediante il wayyiqtol iniziale a qualcosa che lo precede. Dal punto di vista narratologico poi non possiamo non constatare che la reiterazione del comando riporta la trama al punto di partenza, facendo ripartire nuovamente il racconto ma con uno sviluppo diverso. In tutto ciò si può riscontrare una precisa tecnica narrativa, quella del "procedimento a tegola" (*tiling technique*), nel quale un narratore racconta una storia fino a un determinato punto per poi tornare o al punto di partenza o ad una situazione raccontata precedentemente e da lì far ripartire nuovamente la storia lungo un'altra direzione. Da quanto osservato credo si debba escludere la posizione di chi vede nel testo di Giona due parti autonome risalenti a due tradizioni diverse. Tuttavia la reiterazione del comando segna una svolta all'interno della dinamica della trama: da una disobbedienza esplicita (1,3) si passa ad una obbedienza con riserva che diventa recriminazione (4,1.2), quando il messaggio di minaccia (3,4) va a vuoto per il pentimento di Dio (3,10).

4.2.5 La reazione dei niniviti, del re e di Dio

Con tre wayyiqtol narrativi è descritta la reazione degli "uomini di Ninive" alle parole di Giona (3,5); più tardi, a conclusione del capitolo, altri tre wayyiqtol narreranno quella di Dio (3,10) di fronte allo sforzo messo in atto dai niniviti e dal re per evitare il disastro annunciato (3,6-9). Questa corrispondenza dà unità all'intera scena che presenta al suo interno tre quadri narrativi determinati dalle azioni di tre personaggi diversi: i niniviti, il re e Dio.

---

contenesse il motivo del viaggio di Giona per mare. Tale narrazione inoltre non avrebbe avuto nessun risvolto teologico. Il secondo passo vedrebbe, per Weimar, il raddoppiamento della lunghezza del racconto dovuto ad un intervento redazionale che includeva un'iniziale versione del salmo. Il redattore di questo strato avrebbe introdotto un tratto teologico dalla storia di Giona. La prima versione del salmo sarebbe servita da lamento in contrasto con 1,4-16 e in parallelo con la rimostranza in 4,2a+3-4. Infine il terzo ed ultimo stadio includerebbe il rimanente del salmo ed alcune occasionali aggiunte. Il salmo in questo caso avrebbe subito uno spostamento tematico, da salmo di lamentazione a salmo di rendimento di grazie, oltre al suo adattamento per la liturgia del tempio. Le stesse aggiunte poi avrebbero dipinto un Giona sicuramente più positivo. Cf. P. Weimar, "Jon 4.5: Beobachtungen zur Entstehung der Jonaerzählung", *BN* 18 (1982) 86-109; P. Weimar, "Literarische Kritik und Literarkritik: Unzeitgemäße Beobachtungen zu Jon 1,4-16", in L. Ruppert (ed.), *Künder des Wortes: Beiträge zur Theologie der Propheten*, Würzburg 1982, 217-235; P. Weimar, "Jon 2.1-11: Jonapsalm und Jonaerzählung", *BZ* 28 (1984) 43-68.

I niniviti (3,5). I niniviti ascoltano le parole di Giona e credono. Il narratore, con un'espressione meristica, sottolinea la coralità della reazione: "dal più grande al più piccolo di loro". Tutta la città, con le sue diverse categorie sociali, crede in Dio, digiuna e si veste di sacco.

Il racconto non dà nessuna spiegazione del perché i niniviti abbiano così repentinamente accolto l'avvertimento di un profeta straniero. La trama quindi presenta un'omissione d'informazione. Si possono distinguere tre tipi di omissioni. Il primo, detto *blanks*, consiste in omissioni di informazione dovute alla più totale mancanza di interesse per un fatto o una circostanza. Il secondo è un'omissione temporanea: delle informazioni sono date in modo ritardato così da creare una certa *suspense* e tensione narrativa (ad es. il motivo della fuga di Giona da Jhwh non è detto subito, bisognerà attendere il quarto capitolo). Il terzo è un'omissione voluta: il narratore non dà le informazioni per creare un effetto artistico.

Con questa chiarificazione la domanda che, dal punto di vista narratologico, si può porre al testo non è che cosa sia stato omesso dal testo, ma quale sia la tipologia d'omissione e che ruolo questa giochi nel racconto. L'omissione non rientra nella seconda tipologia perché non si dà nessuna informazione al riguardo nel seguito del racconto. Potrebbe rientrare nel primo tipo: in tal caso non si direbbe nulla perché il narratore non è interessato a motivare che cosa abbia spinto i niniviti a dare fede alle parole di Giona. Si può ipotizzare anche che l'omissione risponda a una voluta strategia del narratore, cioè sia del terzo tipo. Credo, in effetti, che questa sia l'ipotesi più credibile. Infatti l'assenza di motivi rende la conversione dei niniviti una sorpresa, in un certo senso spiazza il lettore. Qualcosa di simile era già accaduto nel capitolo primo, quando Giona, dopo l'ordine di Jhwh, si alza e fugge in direzione opposta alla sua presenza. Se confrontiamo la descrizione dei marinai con quella dei niniviti, questa sorpresa è ancor più evidente. Infatti, il ritratto dei primi fornisce ampie ragioni per la loro conversione: la paura, la professione di fede di Giona in Jhwh, il Dio che ha fatto il mare e la terra asciutta, la bonaccia che tornò quando Giona vi fu gettato; mentre dei niniviti si dice semplicemente che "credettero in Dio" senza darne le ragioni. Con questa omissione la trama mantiene la sua tensione ed è proiettata in avanti: se i niniviti hanno agito così repentinamente all'annuncio, come reagiranno Dio e il suo profeta? Comunque, qualunque sia il motivo, a livello narrativo la pronta conversione dei niniviti, i nemici di Israele, contrasta con la riluttanza del profeta d'Israele a obbedire al suo Dio.

Il Re (3,6-9). Solo dopo che la popolazione, dal più grande al più piccolo, ha creduto in Dio, "la parola" arriva al re di Ninive. Il cambio del soggetto delle azioni descritte in 3,6 segna l'inizio del nuovo quadro (3,6-9) che ha per protagonista il re, come individuo, monarca e autorità della città. La sua personale reazione è narrata in 3,6 con quattro wayyiqtol che descrivono movimenti contrapposti:

a   "si alzò dal suo trono"   b¹   "si coprì di sacco"
b   "si tolse il manto"   a¹   "si sedette sulla cenere".

Il versetto presenta quindi una struttura chiastica formata da espressioni antitetiche fra loro. Dal re seduto sul trono e coperto del suo mantello, l'immagine precipita a un uomo vestito di sacco e seduto sulla cenere[38].

Il re, dopo questo cambiamento, si rivolge al popolo con un decreto. Il discorso diretto è caratterizzato da proibizioni, ingiunzioni e da una conclusione. Tre forme volitive negative costituiscono le proibizioni (3,7c-e), cui seguono le ingiunzioni formate da tre forme volitive positive (3,8a-c). All'inizio poi di ciascuna parte, disposto in forma chiastica, è ripetuto il soggetto "uomini e bestie" (3,7c.8a). La conclusione, infine, è un appello carico di speranza (3,9). Schematicamente:

Forme volitive positive (3,8a-c)		Forme volitive negative (3,7c-e)	
S	V	S	V
הָאָדָם וְהַבְּהֵמָה	וְיִתְכַּסּוּ שַׂקִּים וְיִקְרְאוּ וְיָשֻׁבוּ	אַל־יִטְעֲמוּ מְאוּמָה אַל־יִרְעוּ וּמַיִם אַל־יִשְׁתּוּ	הָאָדָם וְהַבְּהֵמָה...

Un'ultima osservazione riguarda la reazione dei niniviti e quella del re. Nel paragrafo dedicato all'ordine ho ipotizzato che il narratore anticipi letterariamente la conversione dei niniviti rispetto alla reazione e al decreto del re[39]. Tale anticipazione serve a promuovere la tesi prima del racconto: l'amore/cura del Dio creatore per tutte le sue creature, anche per quelle che "non distinguono la destra dalla sinistra" (4,11) compresi gli animali. Inoltre ha lo scopo di sottolineare che la conversione è possibile a tutti, dagli strati più bassi della società fino al re.

Dio (3,10). Il ritorno di Dio come protagonista dell'azione caratterizza il versetto 3,10. Egli, infatti, è il soggetto dei verbi nelle proposizioni principali ("vide, si pentì, e non lo fece"), mentre quelle secondarie nominano alternati-

---

[38]   Y. I. Peleg, "עוד ארבעים יום ונינוה נהפכת יונה ג 4", *Beit Mikra* 158 (1999) 226-243 mostra come il tema del capovolgimento sia una caratteristica del libro di Giona e venga espresso in modo particolare dal verbo הפך di 3,4.
[39]   Cf. sopra § 4.1.

vamente l'attività dei niniviti e il ricordo della minaccia di Dio. Una struttura chiastica è evidenziata dalle variazioni della radice עשה e dalle ripetizioni del termine רעה:

a

a) Allora Dio vide le loro opere   וַיַּרְא הָאֱלֹהִים אֶת־מַעֲשֵׂיהֶם

b

b) che cioè si erano allontanati dalla loro strada cattiva.   ↑ כִּי־שָׁבוּ מִדַּרְכָּם הָרָעָה

b¹

c) E Dio si pentì della sventura   וַיִּנָּחֶם הָאֱלֹהִים עַל־הָרָעָה

a¹

d) che aveva detto di far loro   ↑ אֲשֶׁר־דִּבֶּר לַעֲשׂוֹת־לָהֶם

a¹

e) e non lo fece.   וְלֹא עָשָׂה׃

All'interno del chiasmo il riferimento al male coinvolge i niniviti (b) e Dio (b¹). I verbi "allontanarsi" e "pentirsi" descrivono il movimento corrispondente dei due soggetti. Il cambiamento dei niniviti e il pentimento di Dio estinguono il male[40]. All'esterno del chiasmo, le mutazioni della radice עשה confermano tutto ciò. Le azioni dei niniviti (a) esprimono infatti il loro allontanamento dal male, mentre il "non fare" di Dio (a¹) è conseguenza del suo pentirsi.

Le ripetizioni non strutturano soltanto la risposta di Dio, ma legano strettamente narrazione e discorso del re:
- il re aveva esortato i suoi: "e tornino indietro dalla sua strada cattiva" (3,8c); nella narrazione si ha una conferma: "erano tornati indietro dalla loro strada cattiva" (3,10b);
- il re aveva espresso la speranza che Dio si pentisse (3,9c); nella narrazione si traduce in certezza: "Dio si pentì della sventura" (3,10c);
- il re aveva concluso: "... e così non periremo" (3,9d); la narrazione ratifica le sue parole affermando: "e non lo fece" (3,10e).

Tutto ciò evidenzia la profonda unità all'interno della scena fra i diversi quadri narrativi.

---

[40]   Trible, *Rhetorical Criticism*, 189 si esprime così: "Mutual turning eradicates evil". Su questo vedi anche Magonet, *Form and Meaning*, 22.

L'intera quinta scena risponde all'annuncio di Giona: "Ancora quaranta giorni e Ninive sarà capovolta/distrutta dalle fondamenta". Sebbene il profeta non abbia mai dato una spiegazione alle sue parole, esse suonano come un'irrevocabile dichiarazione di distruzione. Ma i niniviti percepiscono nelle parole del profeta qualcosa che a Giona stesso sfugge o che piuttosto non vuole accettare: la possibilità di una liberazione. Giona non vuole accettare quello che sa bene, che cioè Jhwh è "un Dio compassionevole e misericordioso, lento all'ira, ricco di benevolenza e uno che si pente del male" (4,2), mentre il re di Ninive, che non conosce Jhwh, sa sperare: "Chissà, forse tornerà indietro e si pentirà, Dio, e tornerà dal furore della sua ira, e così non periremo" (3,9).

La profezia di Giona (3,4) è nello stesso tempo vera e falsa. La prospettiva ne demarca la differenza. Nella prospettiva dei niniviti la profezia offre la speranza di un ripensamento divino, sebbene questo non sia garantito. Nella prospettiva divina il cambiamento dei niniviti capovolge il male minacciato in salvezza. Nella prospettiva di Giona, la liberazione o salvezza divina capovolge la sua profezia in discredito (4,2) e questo lo farà arrabbiare, costituendo la premessa per l'avanzamento della trama nel capitolo successivo.

4.2.6 La reazione di Giona

I soli protagonisti del quarto capitolo sono Giona e Jhwh: ciò farebbe pensare alla presenza di un'unica scena. Ciononostante, credo si possa parlare di due scene date dal cambio della *compositio loci* che avviene in 4,5. Il confronto ha due momenti: uno all'interno della città (4,1-4), l'altro all'esterno (4,6-11). Il versetto 4,5 fa da transizione. Ciò giustifica la sua presenza all'interno del capitolo quarto senza ricorrere a spostamenti di testo o a *flash back* non giustificabili sintatticamente.

Dopo i fatti del capitolo terzo, l'intreccio narrativo vede la reazione negativa di Giona (4,1), la sua preghiera (4,2), la domanda di Jhwh al profeta e la sua prima risposta (4,5). La compassione di Dio per i niniviti produce un effetto negativo su Giona (4,1), descritto ricorrendo alla radice רעה, già usata precedentemente. All'inizio della storia è il "male" dei niniviti che fa intervenire Jhwh (1,2): i marinai avvertono come "male" la situazione creatasi in mare (1,7.8), più tardi il re invita i suoi sudditi ad allontanarsi dal "male" (3,8); Dio constata il loro allontanamento dal "male" (3,10b) e si pente del "male" minacciato (3,10c); infine è Giona attanagliato dal male (4,1a) e dalla collera (4,1b)[41].

---

[41]   Magonet, *Form and Meaning*, 22-25; Trible, *Rhetorical Criticism*, 197-198.

Nella preghiera di Giona a Jhwh trova finalmente risposta un interrogativo che si protraeva dall'inizio del racconto: il perché della sua fuga. Il motivo è dato dalle proposizioni 4,2*e-g*. Jhwh stesso ne è la causa, il suo essere un Dio "compassionevole e misericordioso…". Quello che è successo a Ninive, la predicazione di Giona, la conversione dei niniviti, il pentimento di Dio con la conseguente mancata distruzione, si radica nella natura di Dio, nei suoi attributi. Giona questo lo sapeva perché era insito nell'esperienza di fede del popolo (Es 34,6-7; Gl 2,13; Ne 2,17; 9,31; Sal 86,15; 103,8; 111,4; 145,8). La sua fuga non era dettata quindi dalla paura dei niniviti, né propriamente dal timore che i pagani potessero convertirsi, ma dal vero carattere di Dio, descritto perfettamente da Giona citando una professione di fede tradizionale in Israele[42].

Giona conclude la sua preghiera invocando per sé la morte e Jhwh risponde ponendogli la domanda sulla rettitudine di quel suo desiderio (4,4). Per Jhwh la richiesta di Giona è dettata esclusivamente dalla collera che non è certamente una cosa buona. In 4,5*a-d*, come ho notato in precedenza, non è riscontrabile nessuna analessi, perché i wayyiqtol sono narrativi e indicano la linea principale del racconto. Per l'autore quindi le informazioni date nel versetto sono successive a quelle dei versetti precedenti. Ciò significa che l'andarsene di Giona fuori dalla città e il suo sedersi ad est e là costruirsi una capanna sono la prima risposta del profeta all'interrogativo divino di 4,4. Giona interrompe il dialogo con il suo Dio, che sarà ripreso solo più tardi, dopo che il narratore avrà raccontato le azioni di Giona (4,5) e quelle di Dio (4,6-8*c*).

4.2.7 Il confronto finale

Jhwh non abbandona il profeta ribelle, anzi prende l'iniziativa con tre azioni (4,6*a*.7*b*.8*b*) a cui segue un dialogo serrato con Giona (4,9); tutto si conclude con l'argomentazione finale di Jhwh (4,10-11). La ripetizione del verbo "disporre/preparare" (מנה) con i suoi tre oggetti naturali, la pianta (4,6), il verme (4,7) e il vento (4,8), oltre a richiamare Gio 2,1, struttura i versetti 6-8 nel modo seguente:

4,6	4,7	4,8
disposizione divina - pianta	disposizione divina - verme	disposizione divina - vento
effetto positivo sulla testa di Giona	effetto negativo sulla pianta	effetto negativo sulla testa di Giona
reazione positiva di Giona		reazione negativa di Giona

[42] Per una spiegazione diversa cf. M. Sternberg, *The Poetics of Biblical Narrative. Ideological Literature and the Drama of Reading*, Bloomintong 1985, 318-320.

Lo schema evidenzia che il controllo degli elementi naturali (pianta, verme, vento) è nelle mani di Jhwh/Dio che ne dispone a suo piacimento. Quest'utilizzo provoca effetti in un primo momento positivi per Giona, poi negativi per lui e per la pianta. Segue una prima reazione positiva del profeta per l'ombra della pianta, poi una seconda negativa dopo che il vento e il sole lo hanno colpito. Non si dice nulla, invece, della reazione di Giona alla morte della pianta. Essa sarà ricordata da Jhwh nel suo intervento finale (4,10*b*). Siamo di fronte a una piccola omissione che posticipa un'informazione.

Dopo le azioni divine riemerge nel profeta quel desiderio di morte (8*e-g*) già sperimentato in 4,3 e che era stato l'occasione della domanda divina (4,4). Jhwh ripropone quindi quell'interrogativo cui Giona non aveva risposto verbalmente (4,9).

4,3-5	4,8-9
A Richiesta a Jhwh di morire (4,3)	**A¹** Richiesta di morire (4,8*e-g*)
B Interrogativo divino (4,4)	**B¹** Interrogativo divino (4,9*a-b*)
C Risposta non verbale di Giona (4,5)	**C¹** Risposta verbale di Giona (4,9*c-d*)

Legami verbali e tematici saldano A e A¹: sia che si rivolga a Jhwh esplicitamente o no, Giona persiste nel desiderare la morte. Le stesse corrispondenze legano B e B¹: l'interrogativo divino incalza Giona e se prima l'oggetto della collera non era specificato – ma era chiaro che facesse riferimento ai fatti accaduti in precedenza[43] – ora, dopo gli eventi di 4,6-8, è la crescita e la morte di una semplice pianta a motivare il desiderio di morte di Giona. Sembra che qualsiasi avvenimento contrario alle sue aspettative spinga il profeta a invocare la morte. C e C¹ sono le due risposte del profeta, ma mentre in C la risposta silenziosa di Giona è costituita dal suo andarsene dalla città facendo intuire il suo disappunto, in C¹ egli lo esprime verbalmente: "A ragione mi sono adirato fino alla morte". Sono queste le ultime parole del profeta; esse segnano il suo totale contrasto con Jhwh, iniziato già con la sua fuga (1,2).

La parola finale però non spetta a Giona ma a Jhwh. Il modo di argomentare di Jhwh in 4,10-11 è conosciuto nell'esegesi rabbinica col nome di קל וחומר che è la prima delle sette *Middoth*, o principi esegetici attribuiti a *Rabbi Hillel*[44]. È un ragionamento che procede *a fortiori* o *a minor ad maius*, dal più

---

[43]   Cf. il legame con 4,1*b*.

[44]   Cf. B. C. Viterbi, "Le regole ermeneutiche per l'interpretazione del testo biblico: *Torah*

semplice al più complesso o viceversa. Se una regola è valida per l'elemento più semplice a maggior ragione lo è per il più complesso[45]. L'argomentazione si sviluppa in due momenti. Nel primo (4,10) Jhwh constata che Giona si è dato effettivamente pena per una pianta che pure non ha coltivato, che in una notte è cresciuta e in una notte è perita; in questo modo Jhwh interpreta quell'omissione di informazione registrata nel versetto 4,8. Nel secondo momento (4,11) Jhwh rivela il suo darsi pena per l'immensa popolazione di Ninive che vive in una profonda ignoranza. Entrambi i sentimenti sono descritti con la radicale חום "avere compassione".

Giona ha mostrato quella compassione che non aveva provato per Ninive ed i suoi abitanti, per una pianta che non ha creato e non ha fatto crescere. Su questo fa leva la domanda conclusiva di Jhwh: se egli si dà pena per una pianta, a maggior ragione Jhwh si dispiace per la perdita della grande città che Lui ha creato e fatto crescere, come ha creato e fatto crescere precedentemente la pianta, poiché è Lui il Dio che ha fatto la terra e il mare (1,9)[46]. Questo risulta essere in linea con quanto riconosce Giona a Jhwh in 4,2: Jhwh è un Dio ricco di amore che prova pietà e si pente del male minacciato. Ha pietà di ognuna delle sue creature, anche di Ninive che è la grande nemica di Israele.

Non c'è risposta alla domanda di Jhwh, anzi la caratteristica di questo finale del libro è l'assenza di una conclusione da parte del narratore: ciò fa sì che il lettore/ascoltatore sia interpellato allo stesso tempo a rispondere e ad accogliere il messaggio del libro che si impernia sulla compassione di Dio, sul suo darsi pena per il mondo che dalle sue mani è uscito[47], come ha fatto e fa con Israele. Il racconto insegna che Jhwh, il Dio creatore del mare e della terra asciutta (1,9), è "un Dio compassionevole e misericordioso, lento all'ira, ricco di benevolenza e uno che si pente del male" (4,2). Egli però non riserva i suoi favori al solo Israele ma li estende a tutte le sue creature, anche a coloro che in un modo o nell'altro sono considerati stranieri o nemici da Israele (3,10), mentre Jhwh li considera degni della sua attenzione per il

scritta e *Torah* orale", in S. J. Sierra (ed.), *La lettura ebraica delle Scritture*, Bologna 1996, 88-89; *Enc. Judaica*, VIII, 1421.

[45] Cf. T. M. Bolin, *Freedom beyond Forgiveness. The Book of Jonah Re-Examined* (JSOTS 236), Sheffield 1997, 159; Limburg, *Jonah*, 97; U. Simon, *Jonah* יונה (The JPS Bible Commentary), Philadelphia 1999, 46; M. Zlotowitz, *Yona/Jonah. A New Translation with a Commentary Anthologized Midrashic and Rabbinic Sources*, Brooklyn 1980, 142; L. C. Allen, *The Books of Joel, Obadiah, Jonah and Micah* (NICOT), Grand Rapids 1976, 234.

[46] In 4,11 si deve sottolineare la posizione enfatica del soggetto.

[47] Cf. Bolin, *Freedom beyond Forgiveness*, 159-164.

semplice fatto che sono sue creature (4,11), come è la pianta per la quale il profeta ha provato compassione[48].

4.3 Il gioco dei punti di vista

Il narratore del libro di Giona, come quello della maggior parte dei racconti biblici, è extradiegetico rispetto alla storia, la racconta cioè dall'esterno, ed eterodiegetico, ovvero racconta la storia di "altri personaggi". Un racconto così costituito, non può che essere narrato da un punto di vista esterno agli avvenimenti e ai personaggi (focalizzazione esterna) ed avere un narratore impassibile ed imperturbabile nell'esporre la storia[49]. Lungo il racconto di Giona sono però riscontrabili interessanti cambiamenti di prospettiva.

Prima di addentrarci nel loro esame vorrei soffermarmi su alcune osservazioni. Il raccontare la storia da una prospettiva esterna offre al narratore una serie di possibilità. Egli può fissare l'attenzione su fatti che accadono contemporaneamente in luoghi diversi, come in Gio 1,5 in cui informa il lettore di quello che sta succedendo in coperta e sotto coperta[50]; può recuperare informazioni sulla storia non date in precedenza, come in 1,10, dove il narratore, con un costrutto di sfondo, rivela che i marinai erano già venuti a conoscenza del piano di fuga di Giona; infine ha la possibilità di dare notizie che in qualche modo sono funzionali al racconto degli eventi, come la grande estensione della città di Ninive (3,3c). Tutto ciò ravviva la narrazione rendendola interessante.

Venendo ai cambiamenti di prospettiva, nel primo capitolo il narratore,

---

[48] Cf. Limburg, *Jonah*, 98.

[49] Per una conoscenza della teoria della focalizzazione o punto di vista cf. M. Bal, *Narratology. Introduction to the Theory of Narrative*, Toronto-Buffalo-London 1999[2], 100-115; Booth, *The Rhetoric of Fiction*, 149-163; Genette, *Figure III*, 208-258; Genette, *Nuovo discorso del racconto*, 61-66; Chatman, *Storia e discorso*, 159-166; Grosser, *Narrativa*, 81-111; Marchese, *Dizionario di retorica e stilistica*, 253-254; P. Pugliatti, *Lo sguardo del racconto. Teorie e prassi del punto di vista*, Bologna 1985, 1-32; Sh. Rimmon-Kenan, *Narrative Fiction. Contemporary Poetics* (New Accents), London 1983, 71-86; T. Todorov, "Le categorie del racconto letterario", in R. Barthes - A. J. Greimas - C. Bremond, *L'analisi del racconto. Le strutture della narratività nella prospettiva semiologica che riprende le classiche ricerche di Propp* (Studi Bompiani. Il campo semiotico), Milano 1990[5], 229-270. Sul versante biblico: A. Berlin, *Poetics and Interpretation of Biblical Narrative*, Sheffield 1983, 43-82; Ska, *"Our Fathers Have Told Us"*, 65-81; Sternberg, *The Poetics of Biblical Narrative*, 129-185; Tolmie, *Narratology and Biblical Narratives*, 29-38.

[50] Il costrutto di interruzione x-qatal di 1,5d tra le diverse funzioni esprime anche quella della contemporaneità.

abbandonando la sua impassibilità e il suo distacco, racconta a focalizzazione zero[51] per tre volte i sentimenti profondi che agitano i marinai lungo tutta la scena della tempesta. Così facendo ha la possibilità di descrivere il cambiamento che avviene in loro. Passano dalla paura iniziale (cf. 1,5), quando ciascuno prega i propri dei, al timore di Jhwh riconosciuto come artefice della loro salvezza (1,14-16). Inoltre, nel primo capitolo, quando Giona rivela lui stesso di temere Jhwh, Dio del cielo, creatore del mare e della terra asciutta (1,9), la focalizzazione si fa interna (o punto di vista del personaggio)[52]. La focalizzazione rimane invece esterna all'inizio e alla fine del secondo capitolo, mentre la preghiera di Giona in discorso diretto la sposta a livello interno, svelando i sentimenti del protagonista che vive l'angoscia della situazione e la certezza che la salvezza potrà venire unicamente da Jhwh (2,10).

La focalizzazione del terzo capitolo è per lo più esterna, ma in 3,10a.b il verbo di percezione רָאָה "vedere" e la PNC subordinata che segue, la modificano. L'angolo di percezione diventa quello di Dio, o meglio, la percezione di Dio colta dal narratore. Il narratore non informa il lettore su quello che fanno i niniviti, ma su quello che Dio vede fare ai niniviti (focalizzazione interna o punto di vista del personaggio Dio). La focalizzazione diventa di grado zero subito dopo (3,10c), quando il narratore fa leva nuovamente sulla sua onniscienza e descrive il sentimento di Dio di fronte al gesto dei niniviti. Ritorna poi ad essere esterna con la constatazione di quello che Dio non fa (3,10e). Questi cambi di focalizzazione consentono non solo di descrivere ciò che accade (Dio non mette in opera la minaccia), ma anche di cogliere i motivi all'origine degli eventi: il pentimento di Dio e la conversione dei niniviti percepita da Dio. Da questa costruzione dell'atto narrativo si evince che il pentimento di Dio è fonte di salvezza per i niniviti, i quali, a loro volta, non sono rimasti indifferenti all'appello del profeta, ma hanno creduto alle sue parole e hanno agito di conseguenza.

Nel quarto capitolo troviamo alternativamente la focalizzazione di grado zero e quella esterna, passando per quella interna. La focalizzazione è di grado zero là dove il narratore onnisciente descrive la reazione emotiva di Giona (4,1), diventa interna quando è lasciato spazio alle parole del protagonista che spiega la ragione della fuga. È di nuovo esterna quando il narratore introduce il dialogo di 4,2-4, racconta l'uscita di Giona dalla città e la costruzione della

---

[51] Si parla di focalizzazione zero quando un narratore, tralasciando la sua imperturbabilità, racconta i pensieri e gli stati d'animo dei personaggi.

[52] Si parla di focalizzazione interna quando sono gli stessi personaggi a svelare i propri sentimenti e pensieri. Questo avviene normalmente in discorso diretto.

capanna (4,5) e narra che Jhwh dispone la crescita e la morte della pianta (4,6-8). È ancora di grado zero in 4,5.6, quando il narratore, ricorrendo alla sua onniscienza, informa il lettore sul motivo per cui Giona costruisce la capanna (5e-f), comunica il pensiero di Jhwh sulla funzione della pianta che deve fare ombra e liberare Giona dal suo male (6b), infine descrive la reazione di Giona all'ombra della pianta (6c).

Nei versetti conclusivi (8-10) il ruolo marginale del narratore permette il passaggio dalla focalizzazione esterna a quella interna dei personaggi Giona e Jhwh. Giona esprime direttamente i suoi sentimenti e il suo desiderio di morte in due brevi discorsi diretti (4,8g.9d); Jhwh nella domanda retorica finale svela il motivo per cui ha fatto crescere e morire la pianta: suscitare in Giona i sentimenti di compassione che non ha provato davanti alla minaccia di distruzione di Ninive, città grande e ricca di vita (3,3; 4,11b-c); ma soprattutto rivela la ragione ultima del suo comportamento nei confronti di Ninive, dettato dalla compassione per i 120.000 uomini ed animali, tutti indistintamente sue creature.

La breve indagine sulla focalizzazione mostra che l'autore del libro di Giona ha scelto di far raccontare la storia dal suo narratore, per lo più da un punto di vista esterno. Cambia, però, la focalizzazione quando vuole sottolineare alcuni temi importanti del suo racconto: l'identificazione di Jhwh con il Dio del cielo e creatore del mare e della terra (1,9); il cammino di conversione dei marinai pagani (1,5.10.14.16); la proclamazione che la salvezza appartiene a Jhwh (2,10) e che Egli è un Dio "compassionevole e misericordioso, lento all'ira, ricco di benevolenza e uno che si pente del male" (4,2); la constatazione che l'allontanamento "dalla via malvagia" può far desistere Dio dal male minacciato (3,10); la certezza che tutti gli uomini e con loro gli animali sono oggetto della benevolenza di Jhwh (4,11), perché tutti sono sue creature come lo è la pianta di קִיקָיוֹן (4,10). Il cambio del punto di vista è, quindi, utilizzato dall'autore non solo per ravvivare il racconto, ma anche per evidenziare contenuti importanti che desidera che il lettore recepisca.

4.4 I Personaggi e la loro caratterizzazione

La bellezza del racconto di Giona deve molto alla caratterizzazione che l'autore fa dei suoi personaggi: un profeta che fugge, Jhwh che lo insegue con la tempesta, i marinai pagani che si convertono, gli abitanti di Ninive che credono in Dio e si pentono. Un ruolo non secondario spetta poi agli elementi naturali (il mare, la tempesta, il grosso pesce, la pianta ecc.) usati da Jhwh;

ad essi si aggiungono gli animali, associati al destino dei niniviti nella scena della conversione (3,5) e nelle parole finali di Jhwh (4,11).

L'autore non descrive fisicamente i personaggi; la loro caratterizzazione emerge piuttosto dalle azioni che fanno o che subiscono, da quello che dicono o è detto di loro dagli altri personaggi o dal narratore stesso.

Analizzerò prima i personaggi minori, vale a dire quelli legati alle singole scene, poi il ruolo assunto dagli elementi naturali, infine i due protagonisti assoluti del libro: Jhwh e Giona.

4.4.1 I marinai e il capitano

I marinai con il loro capitano sono tra i protagonisti della seconda scena. Il narratore usa per loro vocaboli diversi: passa da una terminologia specifica "marinai" (1,5a) ad una più generica "uomini" (1,10a.13a.16a). Non li descrive nel loro aspetto esteriore, ma è interessato al loro stato d'animo ed alla loro reazione lungo tutto il perdurare della tempesta: essi passano da un *timore-paura* (1,5) a un *timore-adorazione* di Jhwh (1,16). È una profonda trasformazione che il narratore descrive sapientemente.

Nel corso del primo capitolo le azioni dei marinai fanno evolvere la trama. Dopo lo sbigottimento generale causato dal mare in burrasca (1,5a), essi implorano verso i propri dei (1,5b). Il narratore non ci fornisce informazioni sulla loro provenienza, ma l'espressione "gridarono ciascuno al suo dio" di 1,5b suggerisce che siano di origine pagana. Secondo la tradizione giudaica essi rappresenterebbero le 70 nazioni della terra[53]. La prima reazione al pericolo della tempesta è la preghiera alle proprie divinità, cui segue il tentativo di alleggerire la nave, gettando in mare il carico, ma le due azioni non hanno alcun esito positivo (1,5c).

In 1,7a i marinai si interrogano, discutendo fra loro sull'opportunità di gettare le sorti per conoscere il colpevole di quella sciagura. La loro decisione (1,7b) e la motivazione (1,7c) mettono in evidenza un duplice presupposto: la tempesta è una punizione divina per il peccato di qualcuno sulla nave, le "sorti" possono rivelare il pensiero divino[54]. Gettate le sorti e individuato Giona come presunto colpevole, il loro atteggiamento è improntato alla prudenza. Ancora una volta essi sono descritti sotto una luce positiva (1,8): nel mezzo di una tempesta in mare conservano la calma e la pazienza. Sebbene le "sorti" siano cadute su Giona, non reagiscono gettandolo immediatamente fuori bordo; gli pongono,

---

[53]   Cf. Limburg, *Jonah*, 49 che presenta una serie di testi rabbinici.
[54]   Cf. J. Lindblom, "Lot-casting in the Old Testament", *VT* 12 (1962) 164-168.

invece, una serie di interrogativi, ai quali il fuggitivo risponde iniziando dall'ultimo: "Io sono ebreo" (1,9*b*) e continuando con una professione di fede in Jhwh (1,9*c-d*).

Dopo la professione di fede, lo stato d'animo degli uomini cambia: "Allora gli uomini furono presi da grande paura" (1,10*a*); chiedono: "perché hai fatto questo?" (1,10*c*). Essi avevano già il sospetto che quella terribile tempesta avesse una dimensione sovrumana: una specie di punizione divina. Ora ne hanno la certezza. Infatti, nella seconda parte del versetto 10, si allude ad un dialogo avvenuto in precedenza tra Giona e i marinai, nel quale il misterioso passeggero aveva raccontato la sua fuga da Jhwh (1,10*e*). A questa nuova situazione gli uomini reagiscono con un "grande timore" (1,10*a*), un'esclamazione (1,10*c*) e un interrogativo (1,11*b-c*). È chiaro che il colpevole è, per sua stessa ammissione, Giona (1,10*d-e*), ma la reazione dei marinai non è quella che ci si potrebbe aspettare: ancora una volta, chiedono a Giona che cosa devono fare di lui, perché il mare possa calmarsi (1,11). Il loro comportamento è nuovamente improntato alla prudenza; non si lasciano prendere dagli eventi, nonostante sia "grande" il loro timore (1,10*a*).

Prima di eseguire l'ordine di Giona, di prenderlo e gettarlo in mare (1,12), essi fanno un ultimo disperato tentativo di raggiungere la terra asciutta (13*b*). La motivazione di questo tentativo è rivelata da loro stessi nella preghiera che innalzano, non più ciascuno ai propri dei (cf. 1,5*b*), ma al Dio di Giona, Jhwh: "non imputare a noi sangue innocente" (1,14*e*). Il loro sforzo mirava ad evitare lo spargimento di sangue innocente, di cui, anche se involontariamente, potevano macchiarsi le loro mani.

Visto il fallimento (1,13*b*), si rivolgono a Jhwh (1,14*a*). Il narratore sviluppa nuovamente variazioni sul tema della radice קרא. Jhwh aveva ordinato al profeta di predicare (קרא) contro Ninive (1,2*c*); ma Giona decise di non obbedire. Il capitano aveva chiesto a Giona di invocare (קרא) il suo Dio nella preghiera (1,6*e*); nuovamente la risposta di Giona fu negativa. Se Giona, colui che ha sperimentato una parola direttamente da Jhwh, non invocherà il suo Dio, saranno i suoi compagni di sciagura a farlo[55].

Gli uomini hanno la netta percezione che dietro la tempesta ci sia la mano di Jhwh, il Dio di Giona. Essi hanno compreso che Giona, con la sua fuga, ha provocato il suo Dio e concludono che il sacrificio di quest'uomo non può essere imputato loro perché è esecuzione di un ordine del profeta stesso.

La scena del mare si era aperta con Jhwh che gettava un grande vento (1,4*a*) e termina con i marinai che gettano Giona. L'equipaggio obbedisce

---

[55]   וַיִּקְרְאוּ אֶל־יְהוָה "Allora invocarono il Signore" (1,14*a*).

con puntualità al comando ricevuto (cf. 1,15*a-b* con 1,12*b-c*), in netto contrasto con la disobbedienza di Giona (1,3). Il quadro narrativo si conclude con l'offerta di sacrifici e voti a Jhwh, non già espressione del timore-paura dei marinai, ma del timore-devozione verso Jhwh (1,16).

I marinai sono personaggi strettamente legati alla scena della tempesta: entrano nel racconto solo dopo che la tempesta è stata scatenata da Jhwh con il grande vento e ne escono quando essa si calma (1,15*c*). All'interno della trama del libro, quindi, essi ricoprono un ruolo funzionale alla scena ambientata tra i marosi. In questo senso la loro caratterizzazione è di essere dei personaggi *agenti*, cioè al servizio della trama[56].

La maestria dell'autore li caratterizza in modo indelebile descrivendone il cambiamento interiore. Tecnicamente sono dei personaggi *rotondi*, vale a dire che si evolvono nel corso del racconto. Ciò permette di ergerli a simbolo del pio israelita, loro che non lo sono di stirpe, pronti a riconoscere sempre la volontà di Jhwh, ad adeguarsi ad essa nell'obbedienza. I marinai raffigurano quell'atteggiamento che Giona avrebbe dovuto assumere di fronte alla parola rivoltagli da Jhwh.

Tra il gruppo dei marinai spicca un personaggio che già dall'appellativo è caratterizzato come loro *leader*, il capitano. Il narratore in questo caso usa un'espressione tecnica רַב הַחֹבֵל che potremmo tradurre con "capo della corda o timone". Di lui sono ricordate due azioni: si avvicina a Giona e gli parla (1,6*a-b*). Il discorso diretto si apre con una domanda che ha una venatura polemica (1,6*c*), prosegue poi con il comando a Giona non di aiutare l'equipaggio ad alleggerire la nave, ma piuttosto di innalzare preghiere al suo Dio. Questo invito-comando sottolinea la sua pietà, che diventa ancor più chiara quando motiva la richiesta di pregare: "Forse il Dio si darà pensiero di noi" (1,6*f*). Il capitano non si arroga il diritto di condizionare Dio, ma si affida alla sua misericordia. In quel "forse" vi è la piena consapevolezza dell'assoluta libertà di Dio[57]. Più avanti, invece, vedremo che Giona reagirà negativamente quando Dio, agendo liberamente, lascerà cadere il castigo minacciato (cfr 4,1-3).

---

[56]   Berlin, *Poetics*, 25-30 descrive in modo esauriente la caratterizzazione di questo tipo di personaggio che trova la sua ragione ultima nell'essere a servizio della trama o di una sua parte. Di lui non si conosce molto se non quello che è strettamente necessario per lo svolgimento del racconto.

[57]   Cf. W. Rudolph, *Joel-Amos-Obadja-Jona* (KAT 13/2), Gütersloh 1971, 341.

4.4.2 Ninive e i niniviti

Nel libro profetico Ninive è presentata come una "grande città" sia nelle parole di Jhwh (3,2; 4,11) che in quelle del narratore (3,3), ma più che alla città in sé, al suo glorioso passato nella storia del medio oriente antico, l'autore è attento al comportamento dei suoi abitanti. Infatti nella scena di apertura del libro (1,1-3) Jhwh invia il profeta nella città "perché la *loro* malvagità è salita davanti a me" (1,2*d*): il pronome suffisso di terza persona maschile plurale di רעה è una *constructio ad sensum* che fa riferimento agli abitanti della città. Nel terzo capitolo poi è descritta, sì, la grandezza della città (3,3*b*), ma soprattutto è ritratto il comportamento dei niniviti e del loro re dopo il castigo annunciato dal profeta (3,4-10).

Dopo l'oracolo che annuncia la distruzione/capovolgimento della città (3,4), gli "uomini di Ninive" – così sono chiamati dal narratore – credono immediatamente nel Dio di Giona, percependo nel messaggio del profeta un invito alla conversione. Proclamano un digiuno e si vestono di sacco, dal più grande al più piccolo (3,5). L'essenzialità del racconto ci fa cogliere la rapidità della loro adesione alla Parola. Come in precedenza i marinai così anche i niniviti riconoscono il potere di Dio e ritornano a Lui.

In perfetto parallelismo con la scena nella nave, l'attenzione poi si volge al *leader*, in questo caso il re di Ninive. Azioni e parole sono gli strumenti attraverso cui il narratore lo caratterizza. La rapidità contraddistingue la sua reazione: sente il messaggio e immediatamente si alza dal trono, si spoglia del mantello e si riveste di sacco, fa bandire un decreto in cui comanda a uomini ed animali di digiunare, di umiliarsi vestendosi di sacco e di abbandonare le vie della malvagità (3,7-8). Nelle parole conclusive (3,9) il re esprime una convinzione profonda: la conversione e il ritorno a Dio non determinano automaticamente il perdono, perché esso è dono gratuito ed esclusivo di Dio, ma la conversione è la sola condizione per ottenerlo. All'uomo spetta riconoscere il proprio errore, tornare sui propri passi ed abbandonarsi alla decisione misericordiosa di Dio[58].

Ciò che Dio vede nel comportamento degli abitanti della città (3,10), è espressione di accoglienza totale delle parole del profeta, che invitava alla conversione: essi erano ritornati a Lui allontanandosi dal male.

I niniviti, non-ebrei, e il loro re sono uomini che credono nel Dio di Giona. Colgono nelle parole del profeta un invito al cambiamento della propria vita fino a "capovolgerla" e lo eseguono "subito". Le parole conclusive del re (3,9) sintetizzano la fiducia di tutti i cittadini nel Dio di Giona e il loro abbandono alla Sua compassione.

---

[58] Sul senso delle parole del re cf. Craig, *A Poetics of Jonah*, 164.

4.4.3 La natura

Un'attenzione particolare merita la descrizione degli elementi naturali: il vento, la tempesta, il mare, il pesce, la pianta, il verme. Nel primo capitolo il mare fa da sfondo al racconto: un mare su cui un forte vento, "gettato" da Jhwh, scatena una grande tempesta (1,4). I marinai impauriti "gettano" nel mare il carico della nave per alleggerirla, ma non basta. Esso diventa sempre più tempestoso, come sappiamo dagli interventi dei marinai (1,11c) e del narratore stesso (1,11d.13c). Ma, improvvisamente, "il mare si fermò dalla sua collera" (1,15c) perché i marinai avevano obbedito a Giona (1,12) gettandolo in mare (1,15a-b). La descrizione del "farsi minaccioso" del mare contribuisce ad intensificare la tensione narrativa (11d.13c) e il suo calmarsi improvviso segna il punto di svolta della trama e la salvezza dei marinai[59]. È interessante notare che in 1,15c troviamo il termine מִזַּעְפּוֹ "dalla sua collera" usato normalmente per esprimere la collera del re o di Dio, quasi a voler sottintendere una personificazione dell'elemento naturale. Un caso simile si era registrato in 1,4c, a proposito della nave, dove si dice letteralmente "pensava di sfasciarsi".

Nel secondo capitolo un "grosso pesce", su disposizione di Jhwh, inghiotte Giona (2,1), che resta nel suo ventre tre giorni e tre notti e di là eleva la sua preghiera a Jhwh suo Dio (2,2-10); poi il grosso pesce, ancora per comando di Jhwh, rigetta Giona sull'asciutto (2,11).

Nel capitolo quarto una pianta, su comando di Dio, cresce per portare sollievo a Giona (4,6), suscitando in lui una "grande gioia" (4,6c). Ma quest'ultima si tramuta presto in disperazione perché un piccolo verme – sempre per comando di Dio – rode la pianta (4,7b), e un afoso vento d'oriente, anch'esso suscitato da Dio (4,8b), e il sole colpiscono la testa del profeta e lo fanno quasi venir meno (4,8c).

L'autore sembra compiacersi di attribuire facoltà umane a esseri inanimati, come la nave o ad elementi naturali, come il mare; è lontano, però, da lui ogni intento di divinizzazione: questi elementi sono tutti strumenti nelle mani di Jhwh per portare a compimento il suo progetto di salvezza attraverso il recalcitrante Giona. Nessuna divinizzazione, dunque, piuttosto un artificio narrativo per sottolineare l'onnipotenza di Jhwh: egli è il solo a poter governare le forze della natura. Sono le parole di Giona che rivelano l'origine della sovranità di Jhwh sul mondo ed i suoi elementi: Egli è il "Dio del cielo... il quale ha fatto il mare e la terra" (1,9).

Un'ultima osservazione sugli animali domestici בהמה. Sono menzionati due volte nel decreto del re (3,7c.8a) ed una volta nella risposta finale di Jhwh

---

[59]   Cf. sopra § 4.2.2.

a Giona (4,11). In tutte le ricorrenze il loro ruolo è passivo. Tecnicamente sono personaggi funzionali alla trama, vale a dire associati agli abitanti: nelle parole del re per sottolineare che tutti gli esseri viventi della città prendono parte alla penitenza, nelle parole di Jhwh per evidenziare che proprio tutti gli esseri viventi, essendo sue creature, sono oggetto della sua cura e della sua compassione.

Il loro destino sembra essere legato indissolubilmente a quello dell'uomo[60]. Sono associati quindi dal decreto del re agli uomini nelle pratiche penitenziali, ma è nell'intervento finale di Jhwh (4,11) che questo aspetto emerge maggiormente, là dove Jhwh afferma la volontà di prendersi cura dei 120.000 uomini che vivono in città e del molto bestiame, perché tutti, uomini ed animali, sono sue creature. Non esiste perciò nessuna autonomia del mondo animale rispetto a Dio e all'uomo, anche se quest'ultimo con il suo comportamento ne può determinare il corso.

4.4.4 Jhwh

Nel libro di Giona Dio è chiamato con diversi nomi, la tabella seguente ne mostra la distribuzione:

יהוה	1,1.3.3.4.10.14.14.14.16.16
	2,1.3.8.10.11
	3,1.3.
	4,2.2.3.4.10
אלהים	1,5.6.6.
	3,3.5.8.9.10.10
	4,2 (אל).7.8.9.
יהוה־אלהים	1,9
	2,2.7
	4,6

---

[60] Il legame tra uomo e animale nella sciagura e nella salvezza è un tema presente nell'AT. Gli animali sono associati al destino degli uomini nelle piaghe d'Egitto (Es 8,13.14b; 9,9.10.19.22.25). I testi di Es 11,5; 12,12.29; Sal 135,8 associano i primogeniti degli uomini e degli animali al destino di morte durante la notte pasquale. La coppia uomini ed animali è destinataria della salvezza. Gli oracoli di salvezza in Geremia annunciano che Giuda e Gerusalemme, che erano diventati una desolazione senza uomini ed animali, torneranno ad essere nuovamente abitati (Ger 32,43; 33,10.12). Jhwh renderà nuovamente feconda la casa di

I dati suggeriscono alcune osservazioni. Le 10 ricorrenze di יהוה nel primo capitolo ci permettono di notare che il nome divino è usato solo nei contesti in cui compare Giona, mentre le 5 volte in cui si ripete il nome di אלהים sono in relazione ai marinai e al loro capo, genti non israelite, che si rivolgevano a divinità pagane (1,5.6 [2 volte]). Il versetto 1,9, in cui troviamo contemporaneamente i due nomi di יהוה e אלהים, è un passaggio importante poiché contiene la professione di fede di Giona: infatti egli proclama che Jhwh è il Dio del cielo (אֱלֹהֵי הַשָּׁמַיִם) che "ha fatto il mare e la terra asciutta". Quindi i marinai ricevono da Giona la rivelazione su tre punti fondamentali: il nome del Dio d'Israele, il Dio del cielo ed il creatore che domina tutti gli elementi della natura. È alla luce di questa professione-rivelazione che i marinai alla fine della loro avventura rivolgeranno a Jhwh la loro supplica (1,14), saranno pervasi dal suo timore ed a Lui offriranno sacrifici e faranno voti (1,16).

Nel capitolo secondo יהוה ricorre 5 volte sulla bocca del narratore e in quella di Giona; due volte troviamo la formula יהוה אלהים con pronome suffisso riferito sempre a Giona: di terza persona singolare יהוה אלהיו "Jhwh il suo Dio" (2,2) e di prima persona singolare יהוה אלהי "Jhwh il mio Dio" (2,7).

Il terzo capitolo sposta il racconto a Ninive, città grande e pagana. Di conseguenza Dio viene chiamato con il nome di אלהים (6 volte). Il re della città che non conosce יהוה, il Dio di Giona, si appella sempre e solo a אלהים, e anche il narratore, adattandosi al contesto pagano, usa solo אלהים per indicare il Dio verso cui i niniviti si rivolgono con fede (3,5) o il Dio che, davanti alla conversione dei niniviti, si pente per il male minacciato (3,10 [2volte]). Solo due volte abbiamo il nome divino יהוה ma come parte di una formula fissa (דבר יהוה cf. 3,1.3*b*).

Dunque possiamo concludere che nei primi tre capitoli il nome proprio divino יהוה è usato principalmente dal narratore e da Giona in riferimento al Dio che gli ebrei hanno sperimentato e conosciuto, mentre אלהים è utilizzato in riferimento alle divinità che i non israeliti conoscono. Inoltre il narratore racconta che i marinai invocano Dio con il nome di יהוה solo dopo che Giona lo ha loro rivelato. Vi è quindi un utilizzo preciso degli appellativi divini.

Israele e la casa di Giuda con seme d'uomini e seme d'animale (Ger 31,27). Anche Ez 36,11 annuncia che l'uomo e l'animale si moltiplicheranno nel tempo della salvezza. Per un approfondimento cf. Botterweck, "בְּהֵמָה *beḥēmāh*", in *TDOT* II, 14-16.

Nell'ultimo capitolo ritroviamo i due nomi usati quasi nella stessa proporzione: 5 volte יהוה e 4 volte אלהים, di cui una volta nella forma breve di אל, la quale è probabilmente traccia di una formula tradizionale (Es 34,6; Sal 86,15; Ne 9,31)[61].

L'uso da parte del narratore di אלהים in 4,7.8.9 e di יהוה in 4,10, all'interno della diatriba fra Giona e il suo Dio, presenta una certa difficoltà. Varie sono state le spiegazioni: alcuni vedono un riferimento ai primi tre capitoli della Genesi[62]; altri partono dalla distinzione giudaica tra il tetragramma sacro, che designerebbe il carattere misericordioso di Dio, e il più generico אלהים, che sottolineerebbe la giustizia divina[63], altri ancora considerano אלהים come una reminiscenza di materiale primitivo incorporato nel testo[64], o semplicemente attribuiscono alla variazione un carattere estetico legato alla libertà dell'autore[65].

Queste differenze nell'uso dei nomi di Dio evidenziano la necessità di studiare la caratterizzazione del personaggio divino, non tanto a partire dai nomi, quanto dalle sue azioni e da quello che gli altri attori del racconto dicono di Lui. Jhwh inizia il racconto comandando a Giona di andare a Ninive ed annunziare il castigo dei niniviti a motivo della loro malvagità (1,2). Giona rifiuta e fugge su una nave diretta a Tarsis (1,3). Jhwh si adopera per costringere il profeta a tornare sui suoi passi, gettando un forte vento che scatena la tempesta nel mare. Dopo che Giona è stato gettato in mare, la tempesta cessa e Jhwh salva i marinai che si erano a lui convertiti (1,15-16).

Per salvare Giona, perché possa andare a Ninive a proclamare il messaggio divino, Jhwh prepara un grosso pesce che lo inghiotte e lo riporta sulla terra asciutta dove lo vomita (2,1.11). Per la seconda volta Jhwh ordina al profeta ribelle di andare a Ninive. Sotto la pressione di Jhwh, Giona parte e reca l'annuncio. Alla predicazione dell'inviato divino gli abitanti della città credono in Dio e si allontanano dalle loro malvagità. Dio vede le loro opere, si pente del male minacciato e non lo attua. Giona protesta però per la grande misericordia di Dio e il suo andarsene dalla città sembra un modo per

---

[61]   Cf. Limburg, *Jonah*, 45-46.

[62]   Cf. G. Elata-Alster - R. Salmon, "The Deconstruction of Genre in the Book of Jonah: Towards a Theological Discourse", *JLT* 3 (1989) 40-60 in particolare p. 53; F. Golka, *The Song of Songs and Jonah*, Grand Rapids 1988, 121-122.

[63]   Cf. Magonet, *Form and Meaning*, 35-38.

[64]   Cf. G. Fohrer, *Introduction to the Old Testament*, Nashville 1968, 442.

[65]   Cf. F. D. Kidner, "The Distribution of Divine Names in Jonah", *TB* 21 (1970) 128; H. H. Witzenrath, *Das Buch Jona. Eine literaturwissenschaftliche Untersuchung* (ATAT 6), St. Ottilien 1978, 55-56.

distanziarsi da Dio e dalla sua decisione di risparmiare la città. Dio risponde servendosi ancora della natura (la pianta, il verme, il vento, il sole) e rivela a Giona la necessità della sua compassione per Ninive (4,6-11).

Tutte queste azioni caratterizzano il personaggio divino nel duplice aspetto di onnipotente e misericordioso. Jhwh ha il controllo assoluto della natura e degli eventi umani[66]: costringe Giona ad andare a Ninive così che il suo messaggio di castigo possa raggiungere la città che ha peccato davanti a Lui (1,2). Tuttavia, come già Giona aveva previsto fin dall'inizio, Dio si pente del male minacciato e risparmia Ninive che si era allontana dalla "loro via malvagia" (3,10).

Le due caratteristiche divine, onnipotenza e misericordia, sono evidenziate anche dai discorsi degli altri protagonisti. I marinai riconoscono la Sua onnipotenza quando affermano: "Jhwh… come ti è piaciuto, hai agito" (1,14). A loro fa eco Giona che nella sua professione ne rivela la ragione: Jhwh è il Dio del cielo creatore del mare e della terra asciutta. Questa idea di Dio creatore è ripresa da Jhwh stesso nel suo ultimo discorso (4,10-11). Infatti Egli afferma esplicitamente che Giona è incapace di dare la vita alla pianta e di farla crescere (4,10) ed implicitamente che è Lui il creatore di quella pianta come delle 120.000 persone di Ninive, inclusi gli animali (4,11).

In quanto creatore Egli si prende cura delle sue creature ed è compassionevole con loro. Ed è proprio a questa compassione che fanno appello il capitano e il re di Ninive:
- "Forse il dio si darà pensiero di noi e così non periremo" (1,6).
- "Chissà, forse tornerà indietro e si pentirà, Dio, e tornerà dal furore della sua ira, e così non periremo" (3,9).

Giona, invece, la professa in 4,2, recuperando una espressione tipica dell'esperienza di fede di Israele: "compassionevole e misericordioso…, ricco di benevolenza e uno che si pente del male" (4,2), ma ne è indispettito.

Nel libro di Giona il personaggio divino viene caratterizzato non come un Dio etnico ma come Jhwh, il Dio creatore del mare e della terra e di tutti gli essere viventi, di Giona come dei 120.000 abitanti di Ninive. Come creatore Egli è il Dio onnipotente e salvatore[67], le cui scelte sono insindacabili,

---

[66] Cf. G. Fohrer, *Strutture teologiche dell'Antico Testamento* (Biblioteca di cultura religiosa 36), Brescia 1980, 176-183.
[67] Circa l'onnipotenza cf. Bolin, *Freedom beyond Forgiveness*, 183; Gunn - Fewell, *Narrative in the Hebrew Bible*, 132; A. Rofé, *Storia di profeti. La narrativa sui profeti nella Bibbia ebraica: generi letterari e storia* (Biblioteca di storia e storiografia dei tempi biblici 8), Brescia 1991, 191-200; A. Cooper, "In Praise of Divine Caprice: The Significance of the Book of Jonah", in P. R. Davies - D. J. A. Clines (eds.), *Among the Prophets. Language, Image and*

ma è anche il Dio compassionevole che ha a cuore la sorte di tutte le sue creature senza alcuna distinzione.

4.4.5 Giona

Il protagonista principale del racconto, nell'intenzione dell'autore, non è un personaggio sconosciuto alla tradizione biblica. Il fatto che l'autore lo chiami "Giona figlio di Amittai" crea un legame con Giona figlio di Amittai presente in 2 Re 14,25[68]. Il riferimento al Giona di 2 Re include alcuni dettagli che non sono menzionati nel libro di Giona. In 2 Re Giona è un profeta del nord che opera nell'VIII secolo a.C. durante il regno di Geroboamo II e ha un preciso compito: quello di proclamare il ristabilimento dei confini di Israele "dall'ingresso di Amat fino al mare dell'Araba" ad opera di Geroboamo II. Così l'allusione di 2 Re permette di evidenziare una sua prima caratteristica: è un profeta ed il suo messaggio è caratterizzato da spirito nazionalista.

Alcuni studiosi hanno cercato di ricostruire la caratterizzazione del personaggio a partire dal significato del nome e del patronimico[69]. Il termine יוֹנָה è usato nell'AT per la colomba. Nomi personali derivanti dalla fauna sono comuni nelle lingue semitiche, ma essi sono normalmente nomi di donna; nel nostro caso, invece, יוֹנָה è il nome di un uomo[70]. Circa il significato, Ackerman ha evidenziato due caratteristiche della colomba nella cultura biblica[71]: è un animale facile alla fuga, che trova riparo tra i monti (Ez 7,16;

Structure in the Prophetic Writings (JSOTS 144), Sheffield 1993, 144-163; Magonet, *Form and Meaning*, 107-112.

[68] Tutti i commentatori evidenziano questo legame. Cf. Bewer, *Jonah*, 28; C. F. Keil - F. Delitzsch, *The Twelve Minor Prophets*, vol. 1°, Edinburg 1900, 379; Limburg, *Jonah*, 38; H. W. Wolff, *Obadiah and Jonah*, Minneapolis 1986, 98; Wolff, *Studi sul libro di Giona*, 17-20; Allen, *The Books of Joel, Obadiah, Jonah*, 202; Bolin, *Freedom beyond Forgiveness*, 72-75; G. Vanoni, *Das Buch Jona. Literar- und formkritische Untersuchung* (ATAT 7), St. Ottilien 1978, 26; D. Stuart, *Hosea-Jonah* (WBC 31), Waco 1987, 446-447; Simon, *Jonah* יונה, 4; Ackerman, "Jonah", 234; Person, *In Conversation with Jonah*, 63. Sulla tradizione esegetica rabbinica si veda Zlotowitz, *Yona/Jonah*, 78.

[69] Cf. Stuart, *Hosea-Jonah*, 431; K. Almbladh, *Studies in the Book of Jonah* (SSUp 7), Stockholm 1986, 17; Bolin, *Freedom beyond Forgiveness*, 71-72; Person, *In Conversation with Jonah*, 64-65; J. Sasson, *Jonah. A New Translation wiht Introduction, Commentary, and Interpretation* (AB 24B), New York 1990, *Jonah*, 68-69.

[70] M. Noth, *Die israelitischen Personennamen im Rahmen der gemeinsemitischen Namengebung* (BWANT III 10), Hildesheim-New York 1980, 230, presenta una lista di nomi derivati dalla fauna.

[71] Cf. Ackerman, "Jonah", 234. Anche A. J. Hauser, "Jonah: In Pursuit of the Dove", *JBL* 104 (1985) 22.

Sal 55,6-8), è incline al lamento ed al gemito nel momento della prova (Is 38,14; 59,11). Person si spinge forse troppo in là sostenendo che il nome esprime bene alcune caratteristiche del personaggio: egli fugge e si lamenta quando i suoi progetti, che prevedevano la distruzione della città dopo la sua predicazione, saltano. La tesi è suggestiva ma bisogna osservare che nei testi biblici la colomba fugge per trovare riparo da un pericolo, Giona invece fugge perché disobbedisce[72].

Un secondo suggerimento è legato a Os 7,11 dove il termine colomba è letto come simbolo di Israele; si potrebbe sostenere che Giona è Israele[73]. Si deve precisare però che in Os 7,11 Efraim è detto colomba, non Israele; al massimo dovremmo applicare la simbologia della colomba solo al regno del Nord[74]. Infine non risulta chiaro come una "colomba" fosse assunta a simbolo di Israele nel contesto stesso di Osea.

Il trattato dello *Zohar* legge il nome come un participio del verbo יָנָה "opprimere"[75], ma una tale lettura presuppone un forma di participio passivo del tipo יָנוּי, mentre il testo ha una forma attiva difficilmente traducibile con senso passivo[76]. Da parte sua, Girolamo riporta la doppia etimologia di Giona (colomba o colui che soffre) e l'applica a Cristo[77].

Di Giona si dice che è "figlio di Amittai". Il nome אֲמִתַּי deriva dalla parola אֱמֶת, la cui radice verbale è אמן; lo *yod* finale può essere inteso come *hypocoristicon* o vezzeggiativo; avremmo quindi un significato simile a questo: "Jhwh è stabile"[78]. L'intera espressione sarebbe: "Colomba figlio di Jhwh-è-stabile". Per Person la frase qualificherebbe Giona come un personaggio incostante e capriccioso, ma con grande fiducia in Jhwh[79].

Credo che, nonostante le ipotesi suggestive, quello che noi possiamo ricavare dall'espressione יוֹנָה בֶן־אֲמִתַּי è qualcosa di molto più semplice: l'autore

---

[72] Person, *In Conversation with Jonah*, 64-65. Nettamente contrario a queste ipotesi è Stuart, *Hosea-Jonah*, 447. Si deve notare, inoltre, che la colomba non ha solo una connotazione simbolica negativa ma anche positiva, ad esempio essa è simbolo di pace ritrovata (cf. Gn 8) o di amore (Ct 2,14; 5,2; 6,9).

[73] P. Kahn, "An Analysis of the Book of Jonah", *Jud* 43 (1994) 87-100; Wolff, *Obadiah and Jonah*, 99.

[74] Cf. Bolin, *Freedom beyond Forgiveness*, 72.

[75] Cf. Limburg, *Jonah*, 108.

[76] Noth, *Die israelitischen Personennamen*, 31 sottolinea che nelle lingue semitiche i nomi derivanti da participi sono rari e tardivi, inoltre spesso derivano da participi con il preformativo *mem*.

[77] Cf. Y.-M. Duval (ed.), *Jerôme: Commentaire sur Jonas*, Paris 1985, 171.

[78] Cf. Sasson, *Jonah*, 69; Wolff, *Obadiah and Jonah*, 99.

[79] Cf. Person, *In Conversation with Jonah*, 65; R. Payne, "The Prophet Jonah: Reluctant Messenger and Intercessor", *ExpTim* 100 (1989), 131 nota 4.

stabilisce un'identità tra il Giona dell'omonimo libro e quello di 2 Re 14,25. Questa identificazione permette di comunicare implicitamente altre importanti informazioni non presenti nel libro di Giona: egli è un profeta, un servo di Jhwh[80], il suo messaggio è un annuncio di salvezza consistente nella ricostituzione dei confini di Israele e suggerisce come ambientazione temporale e spaziale del racconto quella di 2 Re 14 dove si narra la storia di Israele durante il regno di Geroboamo II[81].

La personalità di Giona emerge, più che dal nome, da quello che egli fa, dice o è riferito di lui dal narratore e dagli altri personaggi.

Giona, al comando di andare a Ninive (1,2), oppone un netto rifiuto che si esprime nelle azioni descritte in 1,3. Egli non dice una parola ma si alza per fuggire a Tarsis lontano dalla presenza di Jhwh (1,3a)[82]. Solamente in 4,2 chiarirà finalmente il motivo di quella sua fuga precipitosa, svelando l'obiezione al comportamento di Dio che è all'origine del suo gesto.

Allo scoppiare della tempesta in mare egli scende tranquillamente sul fondo della nave dove dorme, disinteressandosi completamente di quello che sta succedendo, quasi non fosse un suo problema. Oppone poi un secondo silenzio alla richiesta e all'ordine del capitano della nave (1,6)[83]. Il narratore non riporta alcun discorso diretto di Giona, né ci descrive che cosa abbia fatto (ha continuato a dormire, si è alzato, ha pregato, ecc..?). Dal prosieguo si può immaginare che egli abbia seguito il capitano sul ponte della nave, dove i marinai si accingevano a gettare le sorti (1,7b-d). Nella risposta che egli dà all'equipaggio, dopo che le sorti lo avevano indicato come il colpevole (1,7g), svela la sua identità (עִבְרִי אָנֹכִי 1,9b), a cui fa seguire improvvisamente una professione di fede in Jhwh, Dio creatore, che il narratore sottolinea

---

[80] La stessa espressione "la parola di Jhwh fu rivolta a…" suffraga questa conclusione.

[81] Se un racconto è ambientato in un determinato periodo storico, non necessariamente la sua composizione risale al medesimo periodo. Perciò la maggior parte dei commentari, pur riconoscendo un'identità fra il protagonista del libro di Giona e quello di 2 Re 14, datano il libro di Giona come post esilico. Cf. R. E. Clements, "The Purpose of the Book of Jonah", in J. A. Emerton (ed.), *Congress Volume*, Leiden 1975, 16-28 propone come data la fine dell'esilio babilonese; Wolff, *Obadiah and Jonah*, 76-78, invece, il primo periodo ellenistico; così anche Nogalski, *Redactional Processes in the Book of the Twelve*, 272. Cf. anche O. Loretz, "Herkunft und Sinn der Jona-Erzählung", BZ 5 (1961) 28; P. Trible, *Studies in the Book of Jonah*, Ann Arbor MI 1963, 107-110; T. E. Fretheim, *The Message of Jonah. A Theological Commentary*, Minneapolis 1977, 29-38; J. S. Ackerman, "Satire and Symbolism in the Song of Jonah", in B. Halpern - J. Levenson (eds.), *Traditions and Transformation*, Winona Lake 1981, 245-246; Rofé, *Storia di profeti*, 187.

[82] Cf. Sasson, *Jonah*, 77-84; C. S. Jiménez, "La crisis de Jonás", Car 23 (1997) 25-26. Per il tema della disobbedienza cf. Magonet, *Form and Meaning*, 90-94.

[83] Sui silenzi di Giona Cf. Hauser, "Jonah: In Pursuit of the Dove", 23.

ulteriormente ritardando la confessione della sua fuga ai marinai (1,10*d-f*). Giona ammetterà che tutto è successo per causa sua (1,12*e-f*), ma solo dopo aver risposto ai marinai (1,12*b-c*) che gli chiedevano cosa fare di lui per calmare il mare (1,11*b-c*). Egli si mostra deciso e ordina con due imperativi di essere preso (1,12*b*) e gettato in mare (1,12*c*).

Una volta in acqua è salvato dalla presenza provvidenziale di un pesce (2,1) che lo inghiotte; dalla sua pancia eleva per la prima volta una preghiera a Jhwh (2,3*b*-10) che comanda a sua volta al pesce di vomitarlo sulla terra asciutta (2,11) e Giona si ritrova al punto di partenza.

Dopo il secondo comando di Jhwh, Giona va a Ninive dove annuncia il messaggio ricevuto entrando in città per il cammino di un giorno, mentre la grandezza della città ne richiedeva tre (3,3-4). Giona scompare dal racconto che si focalizza sui niniviti e sul loro re. Lo ritroveremo all'inizio del quarto capitolo deluso e irritato contro Dio, che non aveva abbattuto sulla città il castigo minacciato.

La delusione è ancora più cocente in quanto Giona aveva già previsto prima, nel suo paese, il comportamento finale di Jhwh, e questo lo aveva indotto a rifiutare la missione, fuggendo (4,2). Il suo sconforto arriva al punto da chiedere a Jhwh di prendere la sua vita. All'interrogativo divino sulla fondatezza di tanta ira, il profeta risponde uscendo dalla città. Egli si mette in una posizione di attesa: costruisce una capanna ed aspetta per vedere "quello che sarebbe avvenuto nella città" (4,5). Ancora una risposta con un comportamento senza parole come già in 1,3. Nella sua attesa Giona riceve un nuovo aiuto da Jhwh-Dio, che fa nascere e crescere su di lui una pianta per "far ombra sulla sua testa così da liberarlo dal suo male" (4,6). Egli ne prova una grande gioia. Ma quando Dio attraverso un verme la fa seccare, lasciando che il sole e il vento lo colpiscano, riemerge in lui il desiderio di morte (4,8-9). E all'interrogativo riproposto per la seconda volta da Dio sulla fondatezza di questo desiderio, Giona replica con una affermazione decisa: "A ragione mi sono adirato fino alla morte" (4,9*d*), riprendendo la domanda di Dio (4,9*b*). Con queste parole Giona scompare dalla scena e non sapremo mai se sia rimasto convinto dall'argomentazione finale di Jhwh.

Merita una piccola digressione il tema del desiderio di morire del profeta. Diversi autori hanno sottolineato il legame particolare che intercorre tra il ciclo di Elia (1 Re 17-19) e il racconto di Giona[84]. Infatti "i termini con cui Giona invoca la morte indicano con maggiore precisione un altro contesto letterario

---

[84]   Cf. Bolin, *Freedom beyond Forgiveness*, 173; Craig, *A Poetics of Jonah*, 103; D. L. Christensen, "The Song of Jonah: A Metrical Analysis (Jon 2.3-10)", *JBL* 104 (1985) 230-231; A. Feuillet, "Les sources du livre de Jonas", *RB* 54 (1947) 167-169; A. Lacocque - P.-E.

precedente"[85]. In effetti la frase: "Allora chiese che la sua anima morisse" (4,8*b*), nel testo ebraico (וַיִּשְׁאַל אֶת־נַפְשׁוֹ לָמוּת) corrisponde esattamente a 1 Re 19,4b, ricordandoci così lo stesso profeta Elia. Mentre in 1 Re la scena prosegue con l'invocazione: "Ora basta, o Jhwh, prendi la mia vita", in Gio 4,3 la richiesta è: "E perciò, o Jhwh, prendi, ti scongiuro la mia vita da me, perché è meglio per me morire che vivere". Queste coincidenze potrebbero essere fortuite, se non vi fossero altre somiglianze. Anzitutto il luogo da cui Elia eleva la sua preghiera è il cespuglio di ginepro (1 Re 19,4) accanto al quale egli si è lasciato andare ormai esausto. Nel racconto di Giona è la pianta di קִיקָיוֹן e la capanna di frasche alla cui ombra egli si sedette, esattamente come nel caso del cespuglio di ginepro per Elia. In secondo luogo Jhwh agisce nei confronti di Giona non solo con la parola ma con altri strumenti. Mentre per Elia si parla di un angelo che gli offre una focaccia cotta su pietre ed una brocca di acqua (1 Re 19,5-7)[86], nel caso di Giona sono il קִיקָיוֹן (Gio 4,6), il verme (Gio 4,7), il vento orientale (Gio 4,8), come in precedenza il grande pesce, che lo ristorano o lo ammaestrano.

Le osservazioni suggeriscono che l'autore ha avuto presente il modello del profeta stanco della vita già proposto nei racconti di Elia. Ma c'è una sproporzione tra le motivazioni addotte da Giona e quelle di Elia. Elia è stanco e desidera la morte perché è in fuga e si sente braccato dalla sua persecutrice Gezabele che lo voleva morto: "Gezabele inviò un messaggero a Elia per dirgli: «Gli dei mi facciano questo e anche di peggio, se domani a quest'ora non avrò reso te come uno di quelli»" (1 Re 19,2). Giona, invece, desidera morire non perché perseguitato e nemmeno perché gravato di un peso troppo grande come Mosè (cf. Nm 11,11-14), ma perché la pianta che lo riparava con la sua ombra è morta e soprattutto perché Dio ha perdonato ai niniviti come aveva temuto e previsto (4,2).

Altri aspetti della personalità sono evidenziati dalle parole degli altri protagonisti. Per i marinai Giona è il colpevole della tempesta (1,8) e la causa è la fuga dal suo Dio. Per due volte Dio evidenzia l'infondatezza della collera (4,4*b*.9*b*) e nelle sue parole conclusive, il profeta appare totalmente insensibile alla sorte di 120.000 persone (4,11), mentre si preoccupa per una pianta che non ha fatto nascere né crescere (4,10).

Lacocque, *Jonah. A Psycho-Religious Approach to the Prophet* (Studies on Personalities of the Old Testament), Columbia 1990, 16; Stuart, *Hosea-Jonah*, 435; Wolff, *Studi sul libro di Giona*, 23-25. Sulla crisi di Elia cf. A. J. Hauser - R. Gregory, *From Carmel to Horeb. Elijah in Crisis* (JSOTS 85), Sheffield 1990.

[85] Wolff, *Studi sul libro di Giona*, 23.

[86] In precedenza Elia era stato aiutato dai corvi (1 Re 17,6).

Ne emerge un personaggio ostinato che rifiuta per ben due volte di obbedire a Jhwh (1,3.6), che si riconosce causa della tempesta solo dopo essere stato scoperto e chiede di essere gettato in mare, tentando forse ancora una volta, come alcuni studiosi ritengono, di sottrarsi all'appello divino[87]; che gioisce per l'ombra di una pianta e non per la misericordia accordata da Dio[88]. Ma quella che mi sembra la caratterizzazione principale è la contraddizione innata: professa di "temere" Jhwh, ma fugge da lui; testimonia la sua fede davanti a pagani quali sono i marinai, ma fugge per non andare a predicare a Ninive. Fa esperienza di salvezza: il pesce, il ritrovarsi sulla terra asciutta e ne è pienamente consapevole come traspare dalla preghiera (2,10), ma è pronto a negarla ai niniviti; professa apertamente che Jhwh è compassionevole, uno che si pente del male minacciato (4,2), ma non accetta che lo sia a favore di Ninive. Ha compassione per la scomparsa di una pianta tanto da invocare la morte per sé, ma non si cura delle 120.000 persone che "non distinguono la loro destra dalla loro sinistra" (4,11c).

Nella preghiera di 4,2-3 questa contraddizione diventa "spaventosa confusione di corretta conoscenza teologica e caparbia arroganza, di sfrontata ribellione e stanco sconforto"[89]. Infatti nelle parole di Giona si mescolano definizioni teologiche e ripetizioni ossessive di espressioni in prima persona che descrivono un ripiegamento psicologico su se stesso, 5 volte in 4,2: "Oh, Jhwh! Non era forse questo il *mio* pensiero fin da quando *ero* al *mio* paese? Per questo *mi sono* affrettato a fuggire a Tarsis perché *sapevo* che...", e altre 4 volte in 4,3: "E perciò, o Jhwh, prendi, ti scongiuro, la *mia* vita da *me*, perché è meglio il *mio* morire che il *mio* vivere". Tutto ciò rivela la profonda contraddittorietà che il protagonista porta in sé e che è la sua caratterizzazione principale. Ciò nonostante Giona diventa strumento delle intenzioni salvifiche di Dio, che raggiungono lo scopo in qualsiasi circostanza. Anzi, l'enigma peculiare del libro risiede in questo: malgrado la disobbedienza di Giona e il suo essere anti-eroe, Dio si serve di lui e la Sua azione di salvezza è ancor più evidenziata. È l'occasione per cui i marinai credono in Jhwh ed i niniviti si risolvono a penitenza. Perciò nel ritrarre il personaggio non c'è sdegno né deplorazione per il suo comportamento. Di fronte alla vittoriosa opera di Dio si può anche raccontare serenamente e senza drammi il fallimento di un profeta.

---

[87]   Cf. E. M. Good, *Irony in the Old Testament* (Bible and Literature Series), Sheffield 1981², 45; J. C. Holbert, "'Deliverance Belongs to Yahweh!' Satire in the Book of Jonah", *JSOT* 21 (1981) 68; J. A. Miles, "Laughing at the Bible: Jonah as Parody", *JQR* 65 (1975) 168-181. L'ipotesi potrebbe essere avvalorata dal fatto che Giona manifesterà più avanti il desiderio di morire (4,3) dopo aver ricordato a Jhwh il suo progetto di fuga (4,2).

[88]   Cf. G. von Rad, *Teologia dell'Antico Testamento*, vol. II, Brescia 1974, 341.

[89]   Wolff, *Studi sul libro di Giona*, 151.

4.5 Conclusione

Il racconto del libro di Giona è lineare, privo di deviazioni dalla trama principale. Quest'ultima è ricca di colpi di scena (la fuga inaspettata di Giona, la tempesta in mare, il pesce, l'immediata conversione dei niniviti, il perdono di Dio, l'ira del profeta) che la rende carica di *suspense*. Le diverse scene si susseguono una dopo l'altra con ritmo incalzante, richiamandosi a vicenda.

I personaggi che in esse si muovono, sono ben caratterizzati: Jhwh è il Dio del cielo che regge le sorti della terra e del mare, invia il profeta per annunziare il castigo, ma è capace di desistere dal male minacciato di fronte al pentimento degli abitanti di Ninive, perché Egli è un Dio, "compassione-vole e misericordioso, lento all'ira, ricco di benevolenza e uno che si pente del male" (4,1). Giona è il profeta recalcitrante e disobbediente che contesta le decisioni divine. In contrapposizione a lui, i personaggi minori non ebrei e non profeti, sono uomini disponibili all'ascolto, alla preghiera, pronti ad obbedire alla parola ricevuta.

L'unità del racconto, non permette facilmente ipotesi di tipo redazionale, quasi che Giona fosse una sorta di montaggio ben riuscito di unità letterarie precedenti. Già abbiamo visto, ad esempio, come alcuni esegeti abbiano ritenuto la reiterazione del comando di Jhwh a Giona di andare a Ninive (3,1-2), un indizio di lavoro redazionale tendente a cucire Gio 3-4 con Gio 1-2[90]. L'analisi sintattica, della seconda parte, suggerisce invece che Giona è un testo unico e che non ci sono interruzioni notevoli. Dal punto di vista nar-ratologico la ripetizione di 3,1-2 può essere letta come una tecnica narrativa di progresso della trama, detta "procedimento a tegola" (*tiling technique*), dove un narratore racconta la storia fino ad un punto determinato, poi ritorna o al punto di partenza (caso di Giona) o ad una situazione precedentemente raccontata e da lì riparte per raccontare in un'altra direzione. Anche il salmo di Giona in 2,3b-10, pur tradendo, come prospettiva di composizione, il mo-mento successivo alla liberazione (il pericolo è descritto al passato), è ben strutturato nel contesto immediato del capitolo secondo[91], del quale costitui-sce l'elemento risolutore. Di conseguenza, ritengo che il salmo di Giona non si possa estrapolare molto facilmente dal suo contesto, né semplicemente ritenere un'aggiunta successiva.

---

[90]   Cf. sopra § 4.2.4.

[91]   A questo proposito si può leggere un interessante articolo della A. Brenner, "Jonah's Poem out of and within its Context", in P. R. Davies - D. J. A. Clines (eds.), *Among the Prophets. Language, Image and Structure in the Prophetic Writings* (JSOTS 144), Sheffield 1993, 183-192.

Affermare l'unità del libro di Giona non è in contrasto con la constatazione che nell'opera di Giona c'è del materiale letterario presente anche in altre sezioni dell'AT, rielaborato però dall'autore in modo libero e creativo. L'identificazione del protagonista umano con il Giona di 2 Re 24,15 non costituisce solo un riferimento al testo di 2 Re ma una scelta strategica, che l'autore fa per collocare il suo racconto nel tempo e nello spazio. Nel capitolo quarto si nota un legame letterario fra il desiderio di morte di Giona e quello di Elia (1 Re 19,4ss), ma le motivazioni dei due personaggi rendono le due scene assai differenti fra loro. In 4,2 infine l'autore si riallaccia alla rivelazione sinaitica (Es 34,6) e al messaggio profetico (Gl 2,13), ma solo per introdurre il nuovo messaggio che si apre a nuovi orizzonti: la salvezza non è più limitata al popolo di Israele, ma si estende anche agli abitanti di Ninive, la grande città e la nemica storica di Israele.

In conclusione, l'autore del testo narrativo di Giona ha certamente fatto uso di materiale e di temi letterari già presenti nella tradizione biblica del popolo d'Israele, ma li ha rielaborati in modo originale dando vita ad un'opera unitaria, ben organizzata che rivela una grande perizia narrativa. Di questo racconto si è servito per comunicare un messaggio teologico altrettanto originale: Jhwh – Dio di Israele a cui appartiene la salvezza (2,10), misericordioso, lento all'ira e che si pente del male che ha minacciato (4,2) – è il Dio del cielo che ha fatto il mare e la terra (1,9) e li governa con la sua onnipotenza, che estende la sua salvezza e il suo perdono a tutte le creature disponibili ad abbandonare le proprie vie di male, perché di tutte Egli è il creatore compassionevole. Questa è la ragione per cui Giona, servo di Jhwh, è stato inviato nella lontana Ninive a predicare il giudizio di Dio.

Indice

Studium Biblicum Franciscanum
Analecta

1. A. LANCELLOTTI, *Grammatica della lingua accadica*, Jerusalem 1962, xvi-194 pp., 41 pp. Appendice: letture accadiche; Glossario / reprint 1995.
2. M. MIGUÉNS, *El Paráclito (Jn 14-16)*, Jerusalem 1963, xiii-277 pp.
3. E. TESTA, *Il Peccato di Adamo nella Patristica (Gen. III)*, Jerusalem 1970, xv-217 pp.
4. B. RIGAUX, *Dieu l'a ressussité. Exégèse et théologie biblique.* Préface de Mgr Albert Descamps, Gembloux 1973, xii-474 pp.
5. M. MIGUÉNS, *El Pecado que entró en el mundo. Reflexiones sobre Rom. 5,12-14*, Jerusalem 1972, 138 pp.
6. G. GIAMBERARDINI, *Il culto mariano in Egitto. I: Sec. I-VI*, Jerusalem 1975, 330 pp., 24 pls.
7. G. GIAMBERARDINI, *Il culto mariano in Egitto. II: Sec. VII-X*, Jerusalem 1974, 432 pp., 16 pls.
8. G. GIAMBERARDINI, *Il culto mariano in Egitto. III: Sec. XI-XX*, Jerusalem 1978, 487 pp., 24 pls.
9. L. CIGNELLI - I. MANCINI - M. BRLEK, *Bonaventuriana. Saggi in occasione del VII Centenario della morte di S. Bonaventura*, Jerusalem 1974, vii-195 pp.
10. M.F. OLSTHOORN, *The Jewish Background and the Synoptic Setting of Mt 6,25-33 and Lk 12,22-31*, Jerusalem 1975, 88 pp., 1 pl.
11. F. MANNS, *"La Vérité vous fera libres". Etude exégétique de Jean 8,31-59*, Jerusalem 1976, 221 pp.
12. F. MANNS, *Essais sur le Judéo-Christianisme*, Jerusalem 1977, 226 pp.
13. F. MANNS, *Bibliographie du Judéo-Christianisme.* Préface du P. B. Bagatti, Jerusalem 1979, 265 pp.
14. B. TALATINIAN, *Il Monofisismo nella Chiesa armena. Storia e Dottrina*, Jerusalem 1980, 122 pp.
15. L. CIGNELLI, *Studi basiliani sul rapporto "Padre - Figlio"*, Jerusalem 1982, 128 pp.
16. G.C. BOTTINI, *La preghiera di Elia in Giacomo 5,17-18. Studio della tradizione biblica e giudaica*, Jerusalem 1981, 200 pp., 2 pls.
17. A.M. BUSCEMI, *L'uso delle preposizioni nella lettera ai Galati*, Jerusalem 1987, 119 pp.
18. A. VÍTORES, *Identidad entre el cuerpo muerto y resucitado en Orígenes según el "De resurrectione" de Metodio de Olimpo*, Jerusalem 1981, xx-259 pp.
19. F. MANNS, *Le symbole eau-Esprit dans le judaïsme ancien*, Jerusalem 1983, 340 pp.
20. V. COTTINI, *La vita futura nel libro dei Proverbi. Contributo alla storia dell'esegesi*, Jerusalem 1984, 399 pp., 1 pl.
21. F. MANNS, *Pour lire la Mishna*, Jerusalem 1984, 245 pp.
22. F. MANNS, *La prière d'Israël à l'heure de Jésus*, Jerusalem 1986, xii-304 pp. | trans. English: *Jewish Prayer in the Time of Jesus*, Jerusalem 1994, xi-291 pp. / reprint 2002.
23. A. NICCACCI, *Sintassi del verbo ebraico nella prosa biblica classica*, Jerusalem 1986, 127 pp.
24. A. LANCELLOTTI†, *Grammatica dell'ebraico biblico.* A cura di Alviero Niccacci, Jerusalem 1996, viii-200 pp.
25. E. TESTA, *La legge del progresso organico e l'evoluzione. Il problema del monogenismo e il peccato originale*, Jerusalem 1987, 458 pp., 74 pls.
26. N. CASALINI, *Dal simbolo alla realtà. L'espiazione dall'Antica alla Nuova Alleanza secondo Ebr 9,1-14. Una proposta esegetica*, Jerusalem 1989, 276 pp.
27. A. NICCACCI, *Un profeta tra oppressori e oppressi. Analisi esegetica del capitolo 2 di Michea nel piano generale del libro*, Jerusalem 1989, xi-211 pp.

28. N. Casalini, *Libro dell'origine di Gesù Cristo. Analisi letteraria e teologica di Matt 1-2*, Jerusalem 1990, 173 pp.

29. P.A. Kaswalder, *La disputa diplomatica di Iefte (Gdc 11,12-28). La ricerca archeologica in Giordania e il problema della conquista*, Jerusalem 1990, xvii-364 pp.

30. N. Casalini, *Il vangelo di Matteo come racconto teologico. Analisi delle sequenze narrative*, Jerusalem 1990, 115 pp.

31. A. Niccacci, *Lettura sintattica della prosa ebraico-biblica. Principi e applicazioni*, Jerusalem 1991, xi-264 pp.

32. N. Casalini, *I misteri della fede. Teologia del Nuovo Testamento*, Jerusalem 1991, 772 pp.

33. F. Manns, *L'Evangile de Jean à la lumière du Judaïsme*, Jerusalem 1991, 548 pp. / reprint 2000.

34. N. Casalini, *Agli Ebrei. Discorso di esortazione*, Jerusalem 1992, 459 pp.

35. G.C. Bottini, *Introduzione all'opera di Luca. Aspetti teologici*, Jerusalem 1992, 255 pp.

36. F. Manns, *Le Judaïsme. Milieu et mémoire du Nouveau Testament*, Jerusalem 1992, 263 pp. / reprint 2001.

37. G. Bissoli, *Il Tempio nella letteratura giudaica e neotestamentaria. Studio sulla corrispondenza fra tempio celeste e tempio terrestre*, Jerusalem 1994, xiv-239 pp. / reprint 2002.

38. P. Garuti, *Alle origini dell'omiletica cristiana. La lettera agli Ebrei. Note di analisi retorica.* Presentazione di M.-É. Boismard O.P., Jerusalem 1995, viii-439 pp. / reprint 2002.

39. M.C. Paczkowski, *Esegesi, teologia e mistica. Il prologo di Giovanni nelle opere di S. Basilio Magno*, Jerusalem 1995, 263 pp.

40. A. Niccacci (ed.), *Divine Promises to the Fathers in the Three Monotheistic Religions. Proceedings of a Symposium Held in Jerusalem, March 24-25th, 1993*, Jerusalem 1995, 220 pp.

41. F. Manns (ed.), *The Sacrifice of Isaac in the Three Monotheistic Religions. Proceedings of a Symposium on the Interpretation of the Scriptures Held in Jerusalem, March 16-17, 1995*, Jerusalem 1995, 202 pp., 8 figs.

42. F. Manns, *L'Israël de Dieu. Essais sur le christianisme primitif*, Jerusalem 1996, 339 pp.

43. A.M. Buscemi, *Paolo: vita, opera e messaggio*, Jerusalem 1996, xii-335 pp. / reprint Milano 2008.

44. M. Adinolfi - P. Kaswalder (ed.), *Entrarono a Cafarnao. Lettura interdisciplinare di Mc 1. Studi in onore di P. Virginio Ravanelli*, Jerusalem 1997, 309 pp. / reprint 2002.

45. L.D. Chrupcała, *Il Regno opera della Trinità nel Vangelo di Luca.* Presentazione di Bruno Forte, Jerusalem 1998, 276 pp.

46. M. Pazzini, *Grammatica Siriaca*, Jerusalem 1999, 188 pp.

47. E. Cortese, *Deuteronomistic Work.* English Translation by S. Musholt, Jerusalem 1999, 178 pp.

48. A.M. Buscemi, *Gli inni di Paolo. Una sinfonia a Cristo Signore*, Jerusalem 2000, iv-189 pp.

49. J.C. Naluparayil, *The Identity of Jesus in Mark. An Essay on Narrative Christology*, Jerusalem 2000, xviii-636 pp.

50. G.C. Bottini, *Giacomo e la sua lettera. Una introduzione*, Jerusalem 2000, 311 pp.

51. A. Niccacci - M. Pazzini, *Il Rotolo di Rut מְגִלַּת רוּת. Analisi del testo ebraico*, Jerusalem 2001, 106 pp. / reprint Milano 2008.

52. A. Niccacci (ed.), *Jerusalem: House of Prayer for All Peoples in the Three Monotheistic Religions. Proceedings of a Symposium Held in Jerusalem, February 17-18, 1997*, Jerusalem 2001, 193 pp.

53. N. Casalini, *Iniziazione al Nuovo Testamento*, Jerusalem 2001, 396 pp.

54. N. Casalini, *Le lettere di Paolo. Esposizione del loro sistema di teologia*, Jerusalem 2001, 304 pp.

55. I. Molinaro, *"Ha parlato nel Figlio". Progettualità di Dio e risposta del Cristo nella lettera agli Ebrei.* Presentazione di Mauro Orsatti, Jerusalem 2001, 360 pp.

56. F. Manns, *Le Midrash. Approche et commentaire de l'Écriture,* Jerusalem 2001, 200 pp.

57. N. Casalini, *Teologia dei Vangeli. Lezioni e ricerche,* Jerusalem 2002, 455 pp.

58. N. Casalini, *Le Lettere Cattoliche e Apocalisse di Giovanni. Introduzione storica, letteraria e teologica,* Jerusalem 2002, 368 pp.

59. R. Pierri, *Parole del Profeta Amos. Il libro di Amos secondo i LXX,* Jerusalem 2002, 161 pp.

60. M. Pazzini, *Il Libro di Rut la moabita* ܐܬܒܐܘܡ ܬܘܪܕ ܐܬܒܟ. *Analisi del testo siriaco,* Jerusalem 2002, 107 pp.

61. L. Cignelli - R. Pierri, *Sintassi di greco biblico (Lxx e NT). Quaderno I.A: Le concordanze,* Jerusalem 2003, 134 pp.

62. F. Manns, *L'Évangile de Jean et la Sagesse,* Jerusalem 2003, 316 pp.

63. A.M. Buscemi, *Lettera ai Galati. Commentario esegetico,* Jerusalem 2004, xxv-691 pp.

64. M. Pazzini, *Lessico Concordanziale del Nuovo Testamento Siriaco,* Jerusalem 2004, xix-469 pp.

65. A. Niccacci - M. Pazzini - R. Tadiello, *Il libro di Giona. Analisi del testo ebraico e del racconto,* Jerusalem 2004, 134 pp.

66. N. Casalini, *Introduzione a Marco,* Jerusalem 2005, 303 pp.

67. N. Casalini, *Lettura di Marco. Narrativa, esegetica, teologica,* Jerusalem 2005, 381 pp.

68. R. Pierri (ed.), *Grammatica intellectio Scripturae. Saggi filologici di Greco biblico in onore di Lino Cignelli OFM,* Jerusalem 2006, xiii-386 pp.

69. L.D. Chrupcała, *The Kingdom of God. A Bibliography of 20th Century Research,* Jerusalem 2007, xliv-873 pp., fully indexed.

70. N. Ibrahim, *Gesù Cristo Signore dell'universo. La dimensione cristologica della lettera ai Colossesi,* Milano 2007, 240 pp.

71. N. Casalini, *Parole alla Chiesa. La tradizione paolina nelle lettere pastorali,* Milano 2009, 471 pp.

72. M. Pazzini, *Il libro dei Dodici profeti. Versione siriaca - vocalizzazione completa,* Milano 2009, 133 pp.

73. F. Manns, *Jerusalem, Antioche, Rome. Jalons pour une théologie de l'église de la circoncision,* Milano 2009, 441 pp.

74. M. Pazzini, *Il Targum di Rut* תַּרְגּוּם רוּת. *Analisi del testo aramaico,* Milano 2009, 129 pp.

75. R. Mazur, *La retorica della lettera agli Efesini,* Milano 2010, 575 pp.

76. E. Cortese, *Il tempo della fine. Messianismo ed escatologia nel messaggio profetico,* Milano 2010, 244 pp.

77. L. Cignelli - R. Pierri, *Sintassi di greco biblico (Lxx e NT). Quaderno II.A: Le diatesi,* Milano 2010, 140 pp.

78. G. Geiger - M. Pazzini (ed.), Ἐν πάσῃ γραμματικῇ καὶ σοφίᾳ. *En pāsē grammatikē kai sophiā. Saggi di linguistica ebraica in onore di Alviero Niccacci, ofm,* Milano 2011, 450 pp.

79. G.C. Bottini, *Introduzione all'opera di Luca. Aspetti teologici. Edizione riveduta e corretta.* Postfazione dell'Autore (2011), Milano 2011², 236 pp.

80. L.D. Chrupcała (ed.), *Rediscovering John. Essays on the Fourth Gospel in Honour of Frédéric Manns,* Milano 2013, pp. xxxvii-636.